すぐに試合で役に立つ！
バスケットボールのルール
審判の基本
[改訂新版]

国際コミッショナー
橋本言雄 監修

はじめに

ルールを正しく理解することは、審判、プレイヤー、コーチの技術向上につながる

　バスケットボールは、限られた時間の中で知力と体力を振り絞って得点を競い合うスポーツです。スピーディーなゲーム展開の中で起こる激しいコンタクトプレーが魅力ですが、接触プレイは競技規則に則っていなければ反則になります。また、技術の進化に伴って改正されるルールへの対応もしなければなりません。ルールを正しく理解することは、ゲームをジャッジする審判のみならず、コートに立つプレイヤーや指揮をするコーチにとっても、技術向上・戦術構築のために必要不可欠なことです。

　本書では、ミニバスプレイヤーから国際舞台を目指すプレイヤーまで、さらには、世界中で活動を展開している3×3のルールをわかりやすく解説しています。

　また、国際コミッショナー視点の様々なケースの対処法、2019年に導入された新ルールの対応策も盛り込んでおり、バスケットボールという競技の本質を、広い角度からとらえて紹介しています。本書によって、より多くの方に、バスケットボールの正しいルールの理解と、楽しさを感じていただければ幸いです。

本書の見方

項目
バスケットボールに関するルールと知識の項目を表示。

解説
ルールはどんな状況で適用されるのか。判定後の審判の対応は?など、ポイントをわかりやすく解説。

第2章 13 インターフェア

シュートボールがリング上にあるとき、バスケットに触れてはいけない

シュートされたボールがリング上にあるとき、プレイヤーがリング、バスケット、バックボードに触れて、シュートが入るのを妨げる違反のこと。ボールがバスケットの中にある間にプレイヤーがネットの下から手を突っ込んで、ボールやバスケットに触れた場合も適用される。ディフェンス側のプレイヤーがボールに触れた場合は、ボールがリングに入る、入らないにかかわらず得点となる。オフェンス側のプレイヤーが触れた場合は、相手にボールが与えられ、スローインとなる。

要チェックポイント
★ シュート時にリング、ネット、バックボードに触って、得点の可能性を妨げてはならない。
★ ネットの下から手を突っ込んでボールに触れた場合も適用される。
★ 罰則はゴールテンディングと同じ。

ボールがバスケットの中にあるとき、ネットの下から手を入れてはいけない

ボールがリング上にあるとき、バスケットに触れてはいけない

インターフェアの判定基準

ボールがリング上にのっているとき、ネットやボードに触れてはいけない

リングの上にのっているボールは触れてもOK

要チェックポイント
ルールの要点が一目でわかるようにピックアップ。

図解、写真
ルールに関する図や表。該当するケース、該当しないケース等を写真で掲載。審判のシグナルを紹介。

目次

はじめに ………………………………………………………………… 2

第1章　基本知識　9

01　バスケットボールの特性 ………………………………………… 10

02　コートとエリア …………………………………………………… 12

03　バックストップ・ユニット ……………………………………… 14

04　ボールと用具 ……………………………………………………… 16

05　メンバー構成とポジション ……………………………………… 18

06　ユニフォーム ……………………………………………………… 20

07　ゲームの開始 ……………………………………………………… 22

08　競技の時間 ………………………………………………………… 24

09　シュートの種類 …………………………………………………… 26

10　シュートの判定 …………………………………………………… 28

11　ボールの状態 ……………………………………………………… 30

12　オルタネイティングポゼション ………………………………… 32

13　スローインの方法 ………………………………………………… 34

14　タイムアウト ……………………………………………………… 36

15　プレイヤーの交代 ………………………………………………… 38

16　ゲームの停止と終了 ……………………………………………… 40

COLUMN1 ……………………………………………………………… 42

第2章　バイオレーション　43

01　バイオレーション ………………………………………………… 44

contents

02 イリーガルドリブル 46

03 アウトオブバウンズ 48

04 トラベリング 50

05 ピボットフット 52

06 ヘルドボール 54

07 5秒の制限 56

08 24秒ルール 58

09 3秒ルール 60

10 8秒ルール 62

11 バックコート・バイオレーション 64

12 ゴールテンディング 66

13 インターフェア 68

COLUMN2 70

第3章　ファウル　71

01 ファウル 72

02 シリンダー 74

03 イリーガルユースオブハンズ 76

04 チャージング 78

05 ブロッキング 80

06 ホールディング 82

07 プッシング 84

08 イリーガルスクリーン 86

09 ダブルファウル 88

目次

10	シュート時に起こるファウル	90
11	ポストプレイでのファウル	92
COLUMN3		94

第4章　その他のファウル　95

01	フェアプレイ精神	96
02	アンスポーツマンライクファウル	98
03	テクニカルファウル	100
04	ディスクォリファイングファウル	102
05	ファイティング	103
06	5ファウル	104
07	チームファウル	105
08	フリースロー	106
09	フリースローのバイオレーション	108
10	特別な処置	110
11	処置の訂正	112
COLUMN4		114

第5章　審判の知識　115

01	審判の役割	116
02	決められた服装	118
03	求められる姿勢	120
04	見極めと判断	122
05	2人制のポジション	124

contents

06	３人制のポジション	126
07	審判になるための資格	128
08	審判に必要な力	130
09	試合前の準備①	132
10	試合前の準備②	134
11	得点・時計のシグナル	136
12	タイムアウト・選手交代・背番号のシグナル	138
13	バイオレーションのシグナル	140
14	ファウルのシグナル	142
15	フリースロー時のシグナル	144
COLUMN5		146

第６章　３×３のルール　147

01	３×３の魅力	148
02	コートとエリア	150
03	勝敗の決め方	152
04	ゲーム開始の方法	154
05	ファウルとフリースロー	156
06	ファウルの種類	157
07	バイオレーション	158
08	審判	159
COLUMN6		160

目次

第7章 ミニバスケットボールのルール 161

01 ミニバスケットボールの魅力 162

02 コートとボール 164

03 ゲームの進行 166

04 バイオレーション 168

05 ファウル 170

COLUMN7 172

第8章 スコアシートのつけ方 173

01 テーブルオフィシャルズ 174

02 スコアシートの見方 176

03 ゲームの準備・開始 178

04 ランニングスコア 180

05 ファウル 182

06 タイムアウトとゲーム終了 184

COLUMN8 186

おわりに 188

監修者・モデル紹介 190

第1章

基本知識

バスケットボールの特性

走る、跳ぶ、投げるという要素がつまった迫力とスピード感あふれる競技

　バスケットボールは、5人ずつのプレイヤーからなる2チームでゲームが行われる。決められたコート上で、制限時間内に多く得点したチームが勝ちとなる。プレイヤーはパスやドリブルをしながら攻撃し、バスケットを狙ってシュートし得点を奪う。防御をするときは、自チームのバスケットに得点が入らないようにする。走る、跳ぶ、投げるという要素が盛り込まれ、攻守の切り替えが早いため、スピードと俊敏性が求められる。競技規則に従った中で行われる激しいコンタクトスポーツである。

要チェックポイント

★ 限られた時間内で、知力、体力、走力を振り絞って駆け引きしながら得点を競い合う。

★ 走る、跳ぶ、投げるといった動作のもと、攻守の切り替えが早いスピード感が魅力。

★ 競技規則に従った中で行われる激しいコンタクトスポーツ。

激しいコンタクトをかいくぐり、いかにシュートを決めるか。スリリングで迫力満点の競技だ

オフェンスとディフェンスの攻防戦、ボールの奪い合いが繰り広げられる。ドリブル、パス回しなどスピード感溢れる展開も魅力

コートとエリア

広いコートを目一杯使ってプレイ シュートエリアも明確

　コートは縦28m×横15mで、コートを描くラインは5cmで白線かわかりやすい色の線と決められている。コートは「センターライン」によって半分にわけられ、半分のコートを「ハーフコート」、コート一面を「オールコート」と呼ぶ。センターラインの中央には直径3.6mの「センターサークル」があり、両方のハーフコートにはそれぞれ、「スリーポイントライン」、「フリースローライン」、フリースローラインの両端を結んだ長方形の「制限区域」、「ノーチャージセミサークル」がある。

要チェックポイント

★ **コートは縦28m×横15mでラインは5cmの白線かわかりやすい色の線を用いる。**

★ **第1クォーター開始時には直径3.6mのセンターサークルでジャンプボールを行う。**

★ **ハーフコートにはスリーポイントライン、フリースローライン、制限区域、ノーチャージセミサークルがある。**

コートサイズ／エリア／ラインの名称

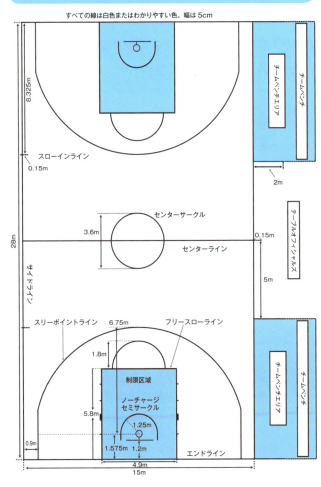

バックストップユニット

バックボード、リング、バスケットの総称が、バックストップ・ユニット

　バスケットボールは、支柱に備えられた「リング」にシュートを入れて得点を競うスポーツだ。リングの高さは床から3.05cm、内径は45～45.9cm。中学生以上は男女区別なく、同じ高さのリングを使用する。リングにはネットが張られてあり、ネットの長さは40～45cm。バックボードの大きさは1.8m（横）×1.05m（高さ）。原則的には、強度な素材で作られた透明ボードを使用するが、透明でない木材の場合は、表面を白くして使用する。これらを総じて「バックストップ・ユニット」と呼ぶ。

要チェックポイント

★ リングの高さは床から3.05cm。中学生以上は男女ともに同じ高さのリングを使用。

★ リングの内径は45cm～45.9cm。ネットの長さは40～45cm。

★ バックボードは、原則としては透明ボードを使用する。それ以外は表面を白くする。

バックボードとリングのサイズ

リングの高さ

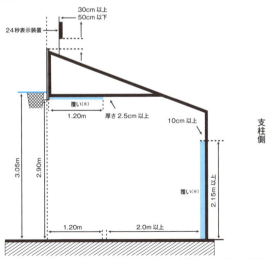

（※）プレイヤーがケガをしないためにつける素材

ボールと用具

ゲーム進行に欠かせない用具 そろっているか事前に確認

　ゲームを行うために欠かせないのが「ボール」とゲーム進行を管理する「用具」。ボールは球形で表面の素材は天然皮革、合成皮革、ゴムのいずれかで作ったものを使用。中学生以上の男子は7号ボール（直径24.5cm、周囲74.9〜78cm、重さ567〜650g）、中学生以上の女子は6号ボール（直径23.2cm、周囲72.4〜73.7cm、重さ510〜567g）を使用。ゲーム進行の用具として、ゲームクロック（得点板）、ショットクロック、ファウルの表示、オルタネイティングポゼション・アローをそろえる必要がある。

要チェックポイント

★ 中学生以上の男子は7号ボール、中学生以上の女子は6号ボールを使用。

★ 公式大会では日本バスケットボール協会公認球のみ使用する。

★ ショットクロックやゲームクロックは、プレイヤーやベンチ、観客が見やすい位置に設置する。

日本バスケットボール協会の公認球

オレンジとクリーム色の2トーン、12枚のパネルでできている。視認性、バウンドのスピードとグリップ性が高い

ゲーム進行に必要な用具

ショットクロック

プレイヤーのファウル数を示す標識

チームのファウル数を示す標識

オルタネイティングポゼション・アロー

基本知識

バイオレーション

ファウル

その他のファウル

審判の知識

3×3のルール

ミニバスのルール

スコアシートのつけ方

メンバー構成とポジション

出場登録は、最大12人まで 交代は回数、人数に制限なし

　試合に出場できる人数は12人以内。しかし、主催者の判断により、12名を超える登録が可能な場合もある。1チーム5人のプレイヤーが出場し、交代は何度でも可能。ポジションは、競技規則に規定はなく、各チームの考えによって配置や役割は異なる。基本のポジションとして、ゲームを組み立てるポイントガード（PG）、外から得点を取るシューティングガード（SG）とスモールフォワード（SF）、ゴール下に位置して得点とリバウンドを取るパワーフォワード（PF）とセンター（C）にわけられる。

要チェックポイント

★ ゲームに出場できる人数は12人以内。主催者の判断により12名を超える登録も可能。

★ 選手交代は何度でも可能。一度ベンチに下がったプレイヤーでも再出場できる。

★ ポジションは基本的にPG、SG、SF、PF、Cにわけられるが、チーム事情によって異なる。

ポジションはチーム事情やプレイヤーの特性によって異なるが、ガード、フォワード、センターに分類される

ポジションの種類

- ■ **ポイントガード（PG／1番）**
  チームの司令塔。試合の流れを把握しながら攻撃を組み立て、自ら得点も狙う。
- ■ **シューティングガード（SG／2番）**
  アウトサイドの点取り屋。スリーポイントやドリブルで切れ込んで外角から得点を狙う。
- ■ **スモールフォワード（SF／3番）**
  オールラウンダー。両サイドを走り、内外角の距離から自在に得点を狙う。
- ■ **パワーフォワード（PF／4番）**
  ゴール下のオールラウンダー。ポスト周辺のパワフルプレーとリバウンドにとび込む。
- ■ **センター（C／5番）**
  チームの大黒柱。ポスト周辺で得点を取り、ディフェン時にはリバウンドでゴール下を死守する。

ユニフォーム

ユニフォームは、濃淡の2色を準備 ホームとアウェイを区別する

　ユニフォームのシャツとパンツは、チーム全員が同形・同色のデザインのものとし、前と後ろは同色でなければならない。パンツの色は必ずしもシャツと同色でなくてもよいが、シャツの裾は必ずパンツの中に収める。女子の場合は、シャツをパンツの外に出すようなデザインのものを使用してもよい。ユニフォームの前と背中側の見えやすい位置に背番号をつけ、異なるプレイヤーに同じ番号を用いてはならない。ユニフォームは濃淡の2色を用意し、ホームチームとアウェイチームを区別する。

要チェックポイント

★ チーム全員が同形・同色のデザインで、前と背中側の見えやすい位置に背番号を入れる。

★ シャツの裾はパンツの中に入れる（女子の場合はデザインによる）。

★ 濃淡2色のユニフォームを用意し、ホームチームとアウェイチームを区別する。

正面

金属、プラスティックの素材のものは身に付けてはいけない。眼鏡は破損防止加工がしてあれば使用 OK

背面

シャツからはみ出すような上半身および腕やふくらはぎ用のパワーサポーターを着用する場合は、チーム内のメンバーが同色のものを着用する

ゲームの開始

第1クォーターはジャンプボールから 第2クォーター以降はスローインで開始

　第1クォーターは、センターサークルでのジャンプボールによって行われ、トスアップのボールが主審の手から離れた時にゲームは開始される。両ジャンパーは審判がトスアップをするまで定位置で準備し、ジャンパー以外のプレイヤーはジャンパーがタップするまでセンターサークルの内側には入れない。トスアップでボールを保持したチームが攻撃を開始。第2クォーター以降は、オルタネイティングポゼションにより、交互のスローインによってゲームを開始する。

要チェックポイント

★ センターサークルでのジャンプボールで第1クォーターが開始。

★ 第2クォーター以降は、スローインによって試合が始まる（オーバータイムも含む）。

★ 前半・後半で攻撃するバスケットを交換する。オーバータイムでは後半と同じバスケットを攻撃。

第1クォーター開始

センターサークルでのジャンプボール。審判はジャンパーがジャンプしても届かない高さまで真っ直ぐ上にボールをトスアップ。ジャンパーは、ボールが最高点に達してからタップすること。タップは2回までOK

第2クォーター以降の開始

プレイヤーは、テーブルオフィシャルズと反対側のセンターラインをまたいで準備する。審判がボールを渡してからゲーム開始

競技の時間

10分×4つのクォーター ハーフタイムは通常10分

　ゲームは10分のクォーターを4回行い、合計40分間で行われる(中学生は各クォーター8分)。第1、第2クォーター、第3、第4クォーターの間、およびオーバータイムの前に2分間のインターバルをおく。同点の場合は1回につき5分（中学生は3分）のオーバータイムで決着がつくまで繰り返し行われる。ハーフタイムは通常10分だが、主催者側の判断や国際大会では15分になることもある。また公式試合開始前には最低10分のインターバルをおき、試合の準備にあてる。

要チェックポイント

★ ゲームは10分のクォーターを4回行い、オーバータイムは5分で決着がつくまで繰り返す。

★ ハーフタイムは10分（大会によっては15分）、インターバルは2分。

★ 第1クォーターと第2クォーターを前半、第3クォーターと第4クォーターを後半と呼ぶ。

競技時間のタイムテーブル

	試合前 インターバル 10 分
前半	第 1 クォーター 10 分（中学生は 8 分）
	インターバル 2 分
	第 2 クォーター 10 分（中学生は 8 分）
	ハーフタイム 10 分 大会主催者の考えにより、15 分になる場合もある
後半	第 3 クォーター 10 分（中学生は 8 分）
	インターバル 2 分
	第 4 クォーター 10 分（中学生は 8 分） 両チームの得点が同じだった場合は、オーバータイムを行う
	インターバル 2 分
	オーバータイム 5 分（中学生 3 分）
	インターバル 2 分 決着がつくまでオーバータイムを繰り返す

シュートの種類

通常のゴールは2点 スリーポイントライン外からは3点

　シュートの得点には、1点、2点、3点の3種類がある。フリースローは1点、フィールドゴール（フリースロー以外の通常のゴール）は2点、スリーポイントラインの外から打ったシュートは3点となる。シュートの動作には、「スロー」と言われるレイアップシュートやジャンプシュート、バスケットの中に強く投げ落とす「ダンクシュート」、バスケットに向けてボールをたたく「タップシュート」などがある。誤って自チームのリングにボールが入ってしまった場合は、相手チームの得点となる。

要チェックポイント

★ 得点には「1点」「2点」「3点」の3種類がある。

★ シュートには「スロー」、「ダンク」、「タップ」などがある。

★ 誤って自チームのリングにボールが入ってしまった場合、相手チームの得点となる。

ドリブルからのレイアップシュートは、フィールドゴールとして2点

スリーポイントラインより外から打ったシュートが入れば3点

シュートエリアの見分け方

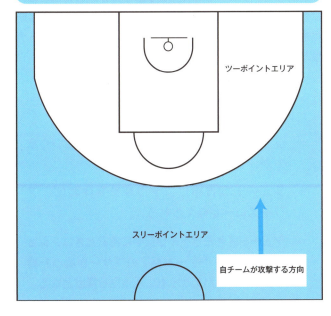

ツーポイントエリア

スリーポイントエリア

自チームが攻撃する方向

シュートの判定

プレイヤーが空中にいるときはシュート動作中と判断される

　シュートの動作とは、プレイヤーの手からボールが離れて両足が地面につくまでのことを指す。ショットクロックの終了ブザー、試合（クォーター）終了時のブザーが鳴ったとき、シュートのボールが空中にあれば、シュート成立とみなされ、そのボールがバスケットに入った場合はカウントとなる。シュート動作中にファウルが起きた場合は、フリースローが2本または3本与えられる。ファウル時に放ったシュートがリングに入った場合は、バスケットカウントとなりフリースローが1本与えられる。

要チェックポイント

★ シュートを打ったあと、両足が地面につくまでが、シュート動作とみなされる。

★ シュート動作中にファウルを受ければ、フリースローが与えられる。

★ シュートされたボールが空中にあるときに、ショットクロックやゲーム終了のブザーが鳴った場合、ボールがバスケットに入ったら得点となる。

シュート動作中　　シュート動作中

プレイヤーがジャンプし空中にいる時は、シュート動作中と判断される。その間、ファウルが起きた場合は、フリースローが与えられる

シグナル

スリーポイントのカウントを認めたときの合図

プレイヤーがスリーポイントラインの外からシュートを放ちカウントされたときは、親指、人差し指、中指の3本の指を立ててヒジを上げる。

ボールの状態

審判がボールを渡したらライブ
審判が笛を鳴らした瞬間はデッド

　ボールの状態には、「ライブ」と「デッド」がある。トスアップのときにボールが審判の手から離れた瞬間やスローイン、フリースローのときに審判からプレイヤーにボールが渡されたときに「ライブ」となる。ファウルやバイオレーションによって審判が笛を鳴らした瞬間は「デッド」となる。また、フリースローが入らなかったときや各クォーターまたはオーバータイムが終わり、タイマーが合図を鳴らしたときも「デッド」となる。

要チェックポイント

★ ボールの状態には「ライブ」と「デッド」がある。

★ トスアップのボールが審判の手から離れたときやスローイン、フリースロー時にプレイヤーにボールが渡されたときにライブとなる。

★ シュートのボールが空中にあるときは、笛やショットクロックのブザーが鳴ってもデッドにならない。

審判の手からボールを渡された瞬間からゲーム開始、ライブとなる

ライブとデッドの見分け方

ライブの状態
1. ジャンプボールの際、トスアップのボールが主審の手から離れたとき
2. フリースローの際、シューターにボールが与えられたとき
3. スローインの際、スローインするプレイヤーにボールが与えられたとき

デッドの状態
1. シュートやフリースローが成功したとき
2. ファウルやバイオレーションが起きて、審判が笛を鳴らしたとき
3. 各クォーターの終了の合図が鳴ったとき

第1章 12 オルタネイティング ポゼション

ボールの所有がわからないときは 交互にスローインを行う

　ゲーム中にボールの所有チームがわからなくなる「ジャンプボール・シチュエーション」になった場合は、両チームが交互にスローインをしてゲームを再開する「オルタネイティングポゼション・ルール」が適用される。従来はボールの所有がわからなくなった場合はジャンプボールを行ってゲームを再開していたが、攻撃機会の不均衡と試合の中断を減らす目的として 2004 年より導入された。スローインの順番はテーブルオフィシャルズにあるポゼション・アローで示される。

要チェックポイント

★ ボールの所有チームがわからなくなった場合をジャンプボール・シチュエーションと呼ぶ。

★ ジャンプボール・シチュエーションになった場合は、両チームが交互にスローインをする。

★ スローインの権利を持つチームは、ポゼション・アロー（赤い矢印）によって示される。

ジャンプボール・シチュエーションの主な例

1. 第1クォーター以外のクォーターを始めるとき
2. ヘルドボールが宣せられたとき
3. 両チームのプレイヤーが同時にボールに触れてアウトオブバウンズになったとき

ポゼション・アロー

4. 誰が最後にボールに触れてアウトオブバウンズになったか、審判がわからなかったとき。あるいは審判の意見が一致しなかったとき
5. 最後のフリースローが成功しなかったときに、両チームのプレイヤーがフリースローのバイオレーションを起こしたとき
6. 両チームのプレイヤーが同時にバイオレーションを起こしたとき
7. ライブのボールがバスケットに挟まったり乗ったりしてしまったとき

シグナル

ジャンプボール・シチュエーション

両手の親指を立てて前に出す。そのあとにポゼション・アローの示す向きを指し示す。

スローインの方法

審判からボールを渡されたら5秒以内にスローインする

　スローインでゲームが再開されるケースは3つある。1つ目は第2クォーター以降の開始時で、テーブルオフィシャルズの反対側のセンターラインの外側から行う。2つ目はバイオレーションやファウルが起こり、審判がゲームを止めたとき。この場合は、ボールがあった位置にもっとも近いラインの外側から行う。3つ目は得点を決められたあとのゲーム再開時で、エンドラインの外側からスローインを行う。スローインは審判からボールを渡されてから、5秒以内に行う。

要チェックポイント

★ 第2クォーター以降の開始はスローインによって行われる。

★ 得点が入ったあと、スローインでゲームを再開する。

★ スローインは、ボールを渡されてから5秒以内に行う。

**スローインをする
プレイヤーの注意点**

ラインを踏み越すと NG

ラインを踏んでも足が越えなければ OK

ライン内であれば OK

審判からボールを受け取って 5 秒以内に行う。

スローイン時のディフェンスの注意点

・ディフェンスは、スローインされたボールがコート内に入るまで、体の一部をラインを越えて外に出してはいけない。

・コート周りにゆとりがなく、ラインから障害物まで 2m 以下の幅しかないときは、スローインするプレイヤーから 1m 以上、離れること。

スローインの位置

・第 2 クォーター以降は、センターラインをまたいだ状態で行う。

・バイオレーションやファウルが起きたときは、最寄りのラインの外から行う。

・シュートが入った後は、エンドラインの外から行う。

タイムアウト

前・後半で5回の タイムアウトが請求できる

　タイムアウトは戦術の確認や指示などが行われ、1回につき1分の休止時間が与えられる。このとき、選手交代を行ってもよい。タイムアウトは前半に2回、後半に3回、各オーバータイムに1回請求することができる。タイムアウトが認められるのは相手がゴールを決めた後か、最後のフリースローが成功した後など、ボールがデッドのときに限る。タイムアウトを請求できるのはヘッドコーチかファーストアシスタントコーチのみで、プレイヤーが請求することはできない。

要チェックポイント

★ **タイムアウトは1分間。前半2回、後半3回、各オーバータイムに1回請求することができる。**

★ **タイムアウトが認められるのは相手がゴールを決めたときか、ボールがデッドのとき。**

★ **タイムアウトを請求できるのは、ヘッドコーチとファーストアシスタントコーチのみ。**

各チームは、ボールデッドのときにタイムアウトを請求できる

シグナル

タイムアウト
手のひらでT字型を作る

笛を鳴らしながら、片手で人差し指を立て、反対の手のひらと合わせてT字型を作る。そのあとタイムアウトを請求したほうのベンチに向けて手のひらを指す。

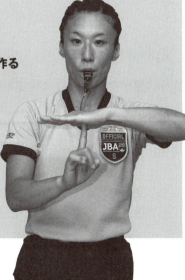

プレイヤーの交代

回数、人数に制限のないプレイヤーの交代 プレイヤーは自ら申し出る

　プレイヤーの交代は回数に制限がなく、1回につき何人でも交代可能。交代をするときは、交代要員自らスコアラーに申し出て、審判が交代の合図をするまで、交代席に座って待つ。ボールがデッドになったとき、最後のフリースローが成功してボールがデッドになったときに交代が可能。審判が合図をしたら、すみやかに交代を行う。また5ファウルや、退場を告げられたプレイヤーとの交代は、30秒以内に行われなければならない。プレイヤーの交代のタイミングも戦術の1つであり、試合の駆け引きとなる。

要チェックポイント

★ 選手交代の回数は制限がなく、一回につき何人でも交代できる（5人交代も可能）。

★ 交代するプレイヤーは、自らスコアラーに交代の合図を申し出る。

★ 交代が認められるのは、ボールがデッドのとき。

交代時、審判はすみやかにプレイヤーを招き入れる

シグナル

プレイヤーの交代
両腕を交差させる

笛を鳴らしながら、胸の前で両腕を交差させる。そのあと、片方の手で交代要員を招き入れるように動かす。

ゲームの停止と終了

ボールデッドのときは停止 ブザーが鳴ったらゲーム終了

　ファウルやバイオレーションによってボールがデッドになったときは、ゲームクロックは止められ試合は停止される。各クォーターやオーバータイムで残秒が「0」になりゲームが終了したときは、合図のブザーが鳴る。また、ファウルやケガ等の退場によってプレイヤーが1人になった場合は、その時点で途中終了となる。相手チームの得点が多いときはそのままのスコアが採用され、そうでない場合は2対0となる。開始時予定を15分過ぎてプレイヤーが5人揃わない場合は、20対0で没収試合となる。

要チェックポイント

★ ファウルやバイオレーションで、ボールがデッドになったときにゲームは停止する。

★ 各クォーターやオーバータイムの終わりには、合図のブザーが鳴る。

★ ファウル等で相手チームのプレイヤーがコート上に1人になった時点でゲームは途中終了。

競技の時間、進行、得点を示すゲームクロック

シグナル

ストップ
笛を吹くと同時に、手を上にあげると、ゲームクロックが止まる。

タイムイン
上にあげた手を下におろすと同時に、ゲームクロックは再開される。

COLUMN1
時代によって変革するルール

　国内外のルールはこれまで4年に一度のオリンピックを境に変更されてきたが、最近はルール変更の期間が短くなってきている。ルール変更と密接な関係にあるのが、FIBA（国際バスケットボール連盟）とは異なる独自ルールを用いているNBA（National Basketball Association／北米プロリーグ）の存在だ。

　これまでの国際大会ではNBA発祥国・アメリカがナンバーワンだったが、2000年代に入り各国選手がNBA入りを果たすと、差がなくなり接戦が繰り広げられるようになってきた。このため、FIBAは2010年より、制限区域を台形から長方形、スリーポイントラインを50cm広げる大規模なルール変更を実行した。FIBAの考えとしては、将来的にNBAとFIBAルールの共通化を目指すだけでなく、技術の進歩に伴い、ルールを変更することで、より面白く、よりアグレッシブにすることが狙いだ。

　ルール変更に伴い、日本ではB.LEAGUEやWJBLのトップリーグが、ルール改編前にいち早く取り入れるなど、素早い対応を見せている。このような取り組みが今後も必要とされる。

技術の進歩に伴って、よりアグレッシブなプレイを引き出すために、ルールは改編される

第2章

バイオレーション

バイオレーション

時間、エリア、ボールの扱いに関する違反をバイオレーションという

　バスケットボールの違反は「バイオレーション」と「ファウル」の2種類にわけられる。バイオレーションは、身体接触やスポーツマンらしくない行為などのファウル以外の違反のことを指し、主に時間超過、ラインアウト、ボールの不正扱いに関する規則のことをいう。審判の笛が鳴りバイオレーションと判定された場合は、ゲームクロックが止まり、相手チームのスローインによってゲームが再開される。なお、バイオレーションはスコアシート上には記録されない。

要チェックポイント

★ 身体接触とスポーツマンシップに反するファウル以外の違反をバイオレーションという。

★ 時間超過、ラインアウト、ボールの不正扱いに関する違反のこと。

★ バイオレーションと判定された場合、相手チームのスローインによってゲーム再開。

バイオレーションの種類

ボールの扱い
- イリーガルドリブル ……………… P46
- トラベリング ……………………… P50
- バックコート・バイオレーション … P64
- ゴールテンディング ……………… P66
- インターフェア …………………… P68

エリア
- アウトオブバウンズ ……………… P48

時間の制限
- 3秒ルール ………………………… P60
- 5秒の制限 ………………………… P56
- 8秒ルール ………………………… P62
- 24秒ルール ……………………… P58

イリーガルドリブル

両手でのドリブル、支え持つ動作はドリブルとみなされない

「イリーガル」とは規則に反しているという意味。代表的なイリーガルドリブルは「ダブルドリブル」で、一度ドリブルを終えてから持ったボールを再度床につくことをいう。両手で同時にドリブルをついてもダブルドリブルになる。また「パーミング」もダブルドリブルの一種で、ドリブル時にボールの下から上に支え持つような動きになると、ボールを一度保持したとみなされる。これらのイリーガルドリブルを犯すと、相手チームのスローインとなる。

要チェックポイント

★ イリーガルドリブルの反則には、ダブルドリブルやパーミングがある。

★ 一度ドリブルを終えて、再度ドリブルすることをダブルドリブルという。

★ ドリブル中にボールを下から上に支え持つことをパーミングという。

ドリブルの反則

ダブルドリブル

両手で同時にドリブルをつくとダブルドリブルになる

パーミング

片手で支え持つ動作もイリーガルドリブルになる

シグナル

ダブルドリブル
両手の手のひらを下に向けて、交互に上下に動かす。両手でドリブルをするような動作。

パーミング
体の前で片手を左右に振りながら、手首を裏返す動作を繰り返す。

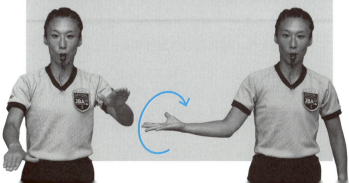

アウトオブバウンズ

ボールやプレイヤーがコート外に出るとアウトオブバウンズになる

「アウトオブバウンズ」は2種類のケースがある。1つはボールがコートの外に出たり、バックボードの裏や支柱などに当たってアウトになること。もう1つはボールを持ったプレイヤーがコートラインを踏んだときだ。しかし、ボールがコート外に飛び出したとき、プレイヤーがコート内で踏み切って空中でボールを扱い、コート内にボールを戻した場合はアウトオブバウンズにはならない。アウトオブバウンズになると、プレイは中断され、相手チームのスローインになる。

要チェックポイント

★ ボールが、コートや境界線の外に出たり、触れると違反となる。

★ ボールを持つプレイヤーも、境界線を越えコート外に触れると違反となる。

★ コートに出て床に触れる前のボールをライン内で踏み切り、空中で扱ってボールをコートに戻した場合は違反にならない。

ボールを持っているプレイヤー

○ ラインの内側、ラインに触れていなければ、アウトにならない

× ラインに触れたり、足がライン上にあるときはアウト

× 足がライン外に出ると、アウト

ボール

○ ラインの内側、ラインに触れていなければ、アウトにならない

× ラインに触れたり、ライン上にあるときはアウト

× ライン外に出ると、アウト

シグナル

スローインでゲーム開始

アウトオブバウンズになった場合は、相手のスローインによってゲームが再開される。審判は時計を止めている間は手を高く上げ、スローインするプレイヤーにボールを渡す。

トラベリング

ボールを保持したまま、規定を超えて足を動すとトラベリング

　ボールを持ったまま、3歩以上歩くとトラベリングとなる。レイアップシュートをする際、3歩目が床に着くまでにボールを離さなかった場合はトラベリングとなる。また、ピボットをしているときにピボットフット（一番最初に床についた軸足）が動いたり、ボールを突き出したときに軸足がズレてしまってもトラベリング。歩数はボールを受けた時点で、床に着いている足を1歩目と数えるが、例外として動きながらボールを受けた場合、その時点で床に着いている足を0歩目と数える。

要チェックポイント

★ 空中でボールを保持して最初にコートに着いた足を1歩目と数える。

★ 動きながらボールを保持した場合、その時点で床に着いている足を0歩目と数える。

★ ボールを持ったまま、ドリブルをつかないで規定を超えて足を動すとトラベリング。

3歩以上歩いて、トラベリングの反則になる例

4 3歩目でシュート体制に入るとトラベリング

3 ボールを保持したまま、3歩目を踏み出す

2 ボールを保持したまま、2歩目として数えられる

1 空中でボールを保持したら、最初に床に着いた足は1歩目

3歩以上歩いて、トラベリングの反則にならない例

5 シュート時、ボールを放す

4 3歩目を踏み出す前にシュート体勢へ入る

3 ボールを保持したまま、2歩目を踏み出す

2 ボールを保持したまま、1歩目ボールを放す

1 動きながらボールを保持したとき、床に着いた足は0歩目

シグナル

トラベリング

両手でコブシを作り、正面で腕を回転をさせる。動作は大きくわかりやすいように行う。

ピボットフット

ピボット時に軸足が動くとトラベリングになる

　ピボットとはステップの種類の1つで、軸足でないほうの足を自由に動かしてディフェンスをかわすステップのこと。ボールを持ったプレイヤーが、ピボットをするときの軸足のことを「ピボットフット」といい、自由に動かせる逆足のことを「フリーフット」と呼ぶ。バスケットボールではボールを持ったまま、規定を超えて足を動かすとトラベリングになるが、ピボットであれば歩数が計上されることはない。ただし、ピボットをしているときに軸足（ピボットフット）が動いたらトラベリングとなる。

要チェックポイント

★ 規定を超えて足を動かすとトラベリングになるが、ピボットは歩数が計上されない。

★ ボールを空中で受けて両足同時に着地したときは、どちらの足もピボットフットにできる。

★ ピボットからシュートやパスをする場合、軸足が離れてから床に着くまでにボールを離さないとトラベリング。

シュート時のピボットの例

右足を軸足にしてピボットを行う

軸足が動かないように注意してディフェンスをかわす

軸足を中心にして正面を向き、シュート

着地の仕方で変わる軸足

片足で着地した場合は、先に床に足が着いたほうがピボットフットとなる

両足で着地した場合は、どちらの足をピボットフットにしてもよい

ピボットからのドリブルの例

ピボットからドリブルするときは軸足が離れる前にドリブルすればOK

ボールが手から離れる前にピボットフットが床から離れるとトラベリング

第2章 06 ヘルドボール

プレイヤーがボールを奪い合い保持できない場合は、スローインで再開

　ヘルドボールとは、両チーム2人以上のプレイヤーがボールをつかみ、どちらのチームもボールを保持できない状態でゲームの流れが止まってしまうこと。このとき、プレイヤーはボールを乱暴に扱ったり、叩いたりしてはいけない。審判はボールの占有争いが激しくなる前にヘルドボールを宣告し、ジャンプボール・シチュエーションでゲーム再開となる。ヘルドボールになった場合は、オルタネイティングポゼッション・アローが示す側のチームがスローインをする。

要チェックポイント

★ ヘルドボールとは、2人以上でボールを奪い合い、どちらのチームもボールを保持できない状態。

★ ヘルドボールになった場合、プレイヤーはボールを叩いてはいけない。

★ ヘルドボールになった場合はポゼッション・アローで、スローインするチームが決まる。

2人以上のプレイヤーがボールに手をかけ、独占できないときに判定される

シグナル

次の攻撃側の攻める方向を指す

ヘルドボールと判断したら、審判は次に攻撃するチームの攻める方向（ポゼッション・アローで示されている方向）を指さす。

5秒の制限

攻撃側はボールを持ったら5秒以内に動かないと違反となる

　ボールを保持しているプレイヤーが、相手チームから積極的にディフェンスをされた状態（1m以内でボールを奪おうとしている）でパス、ドリブル、シュートができずその場に5秒以上とどまると、バイオレーションとなる。その他、5秒の制限として、スローインやフリースローのときも適用される。ボールを受け取ってから5秒以内にパス、シュートを行わなければ、バイオレーションとなる。いずれも、審判からボールを渡されてから秒数をカウントする。

要チェックポイント

★ （相手が1m以内でボールを奪おうとしているときに）パス、ドリブル、シュートができない状態で、5秒以上とどまりボールを保持してはならない。

★ スローインは、審判からボールを渡されて5秒以内にパスをしなければならない。

★ フリースローは、審判にボールを渡されて5秒以内にシュートを打たなくてはならない。

オフェンスは、ドリブル、パス、シュートをせずにその場に5秒とどまるとバイオレーションとなる

シグナル

5秒の制限

顔の高さで片手を開いて示す。5秒を示す5本の指をはっきりと見せるようにする。

24秒ルール

攻撃側はボールを保持してから24秒以内にシュートを打つ

　24秒ルールとは「ショットクロック・バイオレーション」とも呼び、攻めているチームが、ボールを保持してから24秒以内にシュートを打たなくてはならない規則。シュートしたボールがゴールに入るか、リングに触れなければバイオレーションとなる。シュートしたボールが空中にあるときに24秒の合図が鳴った場合、シュートが成功すれば得点はカウントされる。シュートが不成功ならば、ボールがリングに当たればゲームは続行。ボールがリングに触れなければ、バイオレーションとなる。

要チェックポイント

★ 攻撃側は、ボールを保持してから24秒以内にシュートを打たなくてはならない。

★ ショットクロックがリセットされる条件は、シュートしたボールがリングに触れること。

★ ショットクロックの合図が鳴ったときに、シュートしたボールが手から離れて空中にあればOK。

残り時間の継続とリセット

攻撃側が24秒以内にフロントコートで相手のファウルやバイオレーションによりスローインが与えられる場合は、残り時間が14秒以上であったときは残りの時間を継続する。残り時間が13秒以下であったときは、14秒にリセットする。

公式戦ではゴール上など見やすいところにショットクロックが設置される

シグナル

24秒ルール

片腕のヒジを曲げて、指を肩に触れる。

3秒ルール

制限区域内に3秒以上とどまってはいけない

　攻撃しているチームのプレイヤーが、相手チームの制限区域内に3秒以上とどまると、3秒ルールのバイオレーションになる。制限区域とはエンドラインとフリースローラインを結んだエリアを指し、2011年からはルール改正により、長方形となった。片足だけが制限区域を出ていても、制限区域を出たとは認められず、両足が制限区域を出ていなければ、バイオレーションとなる。ただし、シュートの動作中でボールが手から離れたときやシュートをするためにドリブルをしているときは、違反にならない。

要チェックポイント

★ 相手チームの制限区域内に3秒以上とどまることはできない。

★ 両足が完全に制限区域を出ていないと、バイオレーションとなる。

★ シュート動作中で、ボールが手から離れたときや、シュートをするためにドリブルしているときは、3秒以上経過しても違反にならない。

⭕ / ❌

両足が制限区域から出ていれば、3秒ルールは適用されない

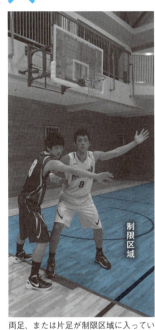

両足、または片足が制限区域に入っていると、カウントされる

シグナル

3秒ルール

腕を前方に出して、親指、人指し指、中指の3本の指を出して示す。指をしっかり伸ばす。

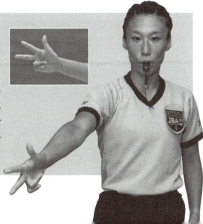

基本知識 / バイオレーション / ファウル / その他のファウル / 審判の知識 / 3×3のルール / ミニバスのルール / スコアシートのつけ方

8秒ルール

8秒以内にバックコートから
フロントコートへボールを進める

　プレイヤーは、バックコートでボールを保持した時点から、8秒以内にボールをフロントコートに進めなければならない。センターラインをまたいだ状態で8秒を経過すると反則となり、両足とボールがフロントコートに入っていなければいけない。バックコートからのパスをセンターライン上の空中でキャッチし、8秒以内に両足がフロントコートで着地した場合は、バイオレーションとはみなされない。またボールがバックコートでアウトオブバウンズになった場合は、8秒は継続して数えられる。

要チェックポイント

★ 8秒以内にボールをフロントコート（攻めるほうのコート）に進めなければならない。

★ 両足とボールがフロントコートに接地していることが条件。

★ バックコートでアウトオブバウンズになった場合は、8秒は継続して数えられる。

8秒目の状態

ドリブルで進む場合

ドリブルで進む場合は、両足とボールがフロントコートに接地するまで8秒がカウントされる

空中の場合

バックコートからのパスをセンターラインの空中上でキャッチしたときは、8秒以内にフロントコートに着地しなければならない

シグナル

8秒ルール

両腕を前方に出して、8本の指を出す。片手を開き、もう片方の手で親指、人指し指、中指を立てて、はっきりと示す。

バックコートバイオレーション

一度フロントコートに入ってからバックコートへパスはできない

　攻撃しているプレイヤーは、一度フロントコートに入ったら、バックコートにボールを戻すと「バックコート・バイレーション」の反則となる。試合開始のジャンプボール時にフロントコートでボールをキャッチしたプレイヤーが、バックコートにいる味方のプレイヤーにパスしたり、フロントコートからのスローインでバックコートにいる味方のプレイヤーに向かってパスをすると、バイオレーションとなる。ただし、第2、3、4クォーター開始時のセンターラインからのスローインは、バックコートにパスをしてもよい。

要チェックポイント

★ 一度フロントコートに運んだボールをバックコートに戻すことはできない。

★ フロントコートからのスローインでは、バックコート・バイオレーションは適用される。

★ センターラインからのスローインでは、バックコート・バイオレーションは適用されない。

フロントコートからバックコートにいる味方にパスを出すとバイオレーション

フロントコートからのスローインもバックコートにいる味方にパスを出すとバイオレーションとなる

シグナル

**バックコート
バイオレーション**

人差し指を前方に出して、フロントコートとバックコートを交互に指し示す。

第2章 12 ゴールテンディング

シュートが落下しているとき、リング上でボールに触れてはいけない

　シュートしたボールがリングに向かって落ちてきているときに、敵味方に関係なくプレイヤーがリングより高いところにあるボールに触れると、ゴールテンディングとなる。バックボードに当たったシュートにも適用される。ディフェンス側のプレイヤーが落下中のシュートボールに触れた場合は、ボールがリングに入る、入らないに関わらず、そのシュート本来の得点が与えられる。オフェンス側のプレイヤーがボールに触れた場合は、ボールがリングに入っても得点は認められず、相手のスローインとなる。

要チェックポイント

★ 落下中のシュートボールがリングより高い位置にあるとき、プレイヤーはボールに触れてはいけない。

★ 防御側のプレイヤーがリングより高い位置にあるボールに触れたときは、相手の得点になる。

★ 攻撃側のプレイヤーがリングより高い位置にあるボールに触れたら得点は認められず相手のスローインになる。

シュートしたボールがリング上にあるとき、プレイヤーはボールに触れてはいけない。ボール全体がリングより上にある場合に適用になる

ゴールテンディングの判定基準

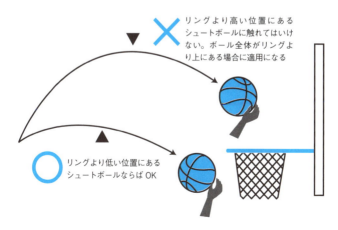

✕ リングより高い位置にあるシュートボールに触れてはいけない。ボール全体がリングより上にある場合に適用になる

○ リングより低い位置にあるシュートボールならばOK

第2章 13 インターフェア

シュートボールがリング上にあるとき、バスケットに触れてはいけない

　シュートされたボールがリング上にあるとき、プレイヤーがリング、バスケット、バックボードに触れて、シュートが入るのを妨げる違反のこと。ボールがバスケットの中にある間にプレイヤーがネットの下から手を突っ込んで、ボールやバスケットに触れた場合も適用される。ディフェンス側のプレイヤーがボールに触れた場合は、ボールがリングに入る、入らないにかかわらず得点となる。オフェンス側のプレイヤーが触れた場合は、相手にボールが与えられ、スローインとなる。

要チェックポイント

★ シュート時にリング、ネット、バックボードに触って、得点の可能性を妨げてはならない。

★ ネットの下から手を突っ込んでボールに触れた場合も適用される。

★ 罰則はゴールテンディングと同じ。

ボールがバスケットの中にあるとき、ネットの下から手を入れてはいけない

ボールがリング上にあるとき、バスケットに触れてはいけない

インターフェアの判定基準

ボールがリング上にのっているとき、ネットやボードに触れてはいけない

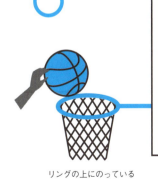
リングの上にのっているボールは触れてもOK

COLUMN2
世界基準を知ることがミスを減らす

　日本人選手が起こしやすい反則に、ボールを突き出したときに起こるトラベリングがある。2012年のロンドンオリンピックに派遣された橋本信雄コミッショナーと須黒祥子審判員は、トラベリングについて以下のような分析と対策をうながしている。

　ボールの突き出しと同時に起こるトラベリングは、ボールをキャッチした瞬間に次の動作に早く移ろうとして軸足が動いてしまうことが原因。スピードとクイックネスのある日本人選手特有のミスといえる。ロンドンオリンピックでは、世界各国のプレイヤーたちのピボットプレイは高い基準にあり、「ボールを突き出すときのトラベリングはほとんどなかった」(須黒審判員)ことからも、早急に解決しなければならない問題だ。

　解決策としては「日頃の練習からピボットフットや、ボールを手から離すタイミングを意識すること」と橋本コミッショナーは話す。今後は国際審判が持ち帰った世界基準の判定を、国内のコーチやプレイヤー、審判が学ぶことが必要だ。世界で得た経験を国内の試合に反映させていくことが、日本を世界基準へと導いていく。

スピードのある日本人選手は、移動の瞬間に起きるトラベリングに気をつけたい

第3章

ファウル

ファウル

体の接触によって起こるものと言動や行為のファウルにわかれる

　ファウルには、プレイヤー同士の体の接触によって起こる「パーソナルファウル」とスポーツマンらしくない言動や行為に関する「テクニカルファウル」の2種類がある。ファウルを宣告されると、罰則として相手チームにスローインやフリースローが与えられる。ファウルを犯したプレイヤーはスコアシートに記録され、個人でファウルを5回行うとそれ以降、その試合に出られなくなる。各クォーターに宣告された1チームのファウル数が4つを超えると、相手チームにフリースローが与えられる。

要チェックポイント

★ プレイヤー同士、不当な身体接触が起こるとパーソナルファウルとなる。

★ スポーツマン精神に反する言動や行為を行うとテクニカルファウルとなる。

★ ファウルを宣告されると、相手チームにスローインまたは、フリースローが与えられる。

ファウルの種類

体の接触によるファウル
- イリーガルユースオブハンズ P76
- チャージング P78
- ブロッキング P80
- ホールディング P82
- プッシング P84
- イリーガルスクリーン P86
- ダブルファウル P88

反スポーツマン的なファウル
- テクニカルファウル P100
- ディスクォリファイング ファウル P102
- ファイティング P103

正しいディフェンスの例

ディフェンスは体の触れ合いを起こさないようにオフェンスの進路上に相手より先に防御位置にポジションをとらなければいけない

後方からガードする場合は、体の触れ合いが起きないように注意する

第3章 02 シリンダー

オフェンス、ディフェンスともに
シリンダーを外れての接触はファウル

　プレイヤーがコート上で相手と正対し、両足を開いて立っている位置のことを「リーガルガーディング・ポジション」といい、そのプレイヤーが占めている位置と真上の空間を「シリンダー」という。プレイヤーは、オフェンス、ディフェンスともに自分のシリンダーの範囲内の動きであれば、接触を起こしても責任はない。逆に、このシリンダーの範囲を外れた行為をして接触を起こすとパーソナルファウルとなる。審判のファウルの見極めの基準は、シリンダーが大原則となる。

要チェックポイント

★ プレイヤーは、シリンダー内とその真上の空間では自分の権利がある。

★ シリンダーの範囲を外れて接触を起こすとファウルになる。

★ オフェンスとディフェンスのコンタクトの見極めは、シリンダーが大原則。

シリンダーの範囲

両手、両足を広げた外側の垂直面と、その上の空間がシリンダーの範囲

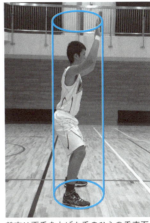

前方は両手を上げた手のひらの垂直面、後方はでん部の垂直面が範囲となる

シリンダーの範囲でディフェンスしている。ここで手や足が接触してもシリンダー内であれば、ファウルにならない

シリンダーの範囲外で接触しているのでファウル。シリンダー内でジャンプし触れ合いが起きた場合はファウルにならない

第3章 03 イリーガルユース オブハンズ

相手をつかんだり、叩いたりする 不当な手の扱いは反則

　手を使って相手プレイヤーをつかんだり、叩いたりして動きを妨げる行為のこと、不当な手の扱いに関する反則のことを「イリーガルユースオブハンズ」と呼ぶ。接触の仕方の程度が重くなると、「ホールディング」や「プッシング」となる。プレイヤーがボールをコントロールしていないときに不当な手の動きがみられた場合、審判はよく見てジャッジしなければならない。同様な手のファウルに、伸ばした手で相手と触れ合いを起こしたり、両手で相手と触れ合いを起こすハンドチェッキングがある。

要チェックポイント

★ 手や腕に触れて、相手の動きを妨げるファウルのことを総じて指す。

★ 接触の程度が重くなると、ホールディングやプッシングになる。

★ 同様な手のファウルで、ハンドチェッキングがある。

相手に伸ばした手で触れ続けたり、伸ばした手で動きをさまたげることは反則になる

シグナル

ハンドチェッキング

手首を握り、前方へ突き出す

チャージング

ディフェンスの正当な防御に オフェンスが無理にぶつかること

　ボールをコントロールしているかいないかに関わらず、オフェンスプレイヤーが相手に突き当たったりして起こるファウルのことを「チャージング」という。ディフェンスが先に正当な位置で防御しているとき、オフェンスがディフェスの胴体を押したり、ぶつかって無理に進もうとするとチャージングとなる。しかし、進みたい方向にディフェンスが遅れて入ってきて衝突した場合は、ディフェンスのブロッキングとなる。チャージングとブロッキングは紙一重のため、判断が難しいファウルといえる。

要チェックポイント

★ **チャージングとは、オフェンスプレイヤーによって起こるファウル。**

★ **オフェンスは、先に正当な位置にいるディフェンスの胴体にぶつかってはいけない。**

★ **チャージングとブロッキングは、進路妨害に関して、表裏一体の見極めの難しいプレイ。**

オフェンスがディフェンスを無理に押しのけたり、ぶつかったりすると反則

シグナル

チャージング

片方の手で握りコブシを作り、片方の手のひらを叩いて合図をする。

ブロッキング

手や足を広げ、体を使って相手の進行を妨げるファウル

　ディフェンスは手や足を広げたり、体ごとぶつかったり、相手のシリンダーに対して不当に入り込んで進路妨害してはならない。相手プレイヤーがボールをコントロールしているかどうかに関わらず、手足や体を使って進行の妨害をするファウルを「ブロッキング」という。ディフェンス側が正当なシリンダーの範囲で防御しているにもかかわらず、オフェンス側がディフェンスの体にぶつかって接触をした場合は、オフェンス側のファウル（チャージング）となる。

要チェックポイント

★ 相手のシリンダーに入り込んで、進路妨害してはならない。

★ 手や足を広げて、体を使って進路妨害することをブロッキングという。

★ オフェンス側がディフェンスの体にぶつかって接触した場合は、チャージングとなる。

ディフェンスは、体を使ってオフェンスの進行を妨害してはいけない

シグナル

ブロッキング

両手を腰に当てる。脇の下から腰にかけて「輪」が広がるようにはっきりと示す。

第3章 06 ホールディング

相手を抑え込んだり、抱きつく行為はホールディングとなる

　「ホールディング」は、相手プレイヤーの体をつかんだり、押さえ込んだりして起こるファウルのことをいう。また、背後から抱きつくような行為もホールディングとなる。「イリーガルユースオブハンズ」との区別がつきにくいが、腕を絡ませたり、手でつかんだりして妨げる行為におよぶと、ホールディングとなる。ホールディングは、オフェンス側かディフェンス側かを問わず、また相手プレイヤーがボールをコントロールしているかどうかに関わらず、適用される。

要チェックポイント

★ 相手プレイヤーを押さえ込んだり、つかんだりして、動きを妨害するファウル。

★ 手だけではなく、体のどこの部分を使っても、相手を抑え込むとファウルとなる。

★ 相手プレイヤーがボールを保持しているかどうかに関わらず、適用される。

ディフェンス時に相手を押さえ込んだり、つかんでオフェンスの動きを妨害することは反則

シグナル

ホールディング

両腕を前に出し、片方の手で、もう片方の手首を握って示す。

第3章 07 プッシング

手、腹部、肩で相手を押したり、押しのけるとプッシング

「プッシング」は、プレイヤーが相手チームのプレイヤーを押したり、押しのけたりするファウルのことをいう。手を使って押すのはもちろんのこと、腹部や肩で押す行為も含まれる。ゴール近辺で優位なポジションをとろうとしているプレイに対して起こるケースがよく見られる。この場合は、粗暴なプレイにつながる可能性があるので、審判は注意してジャッジしなければならない。プッシングは攻守を問わず、また相手プレイヤーがボールをコントロールしているかどうかに関わらず、適用される。

要チェックポイント

★ 相手プレイヤーを押したり、押しのけたりして、動きを妨害してしまうファウル。

★ 手だけではなくて、体のどこの部分を使っても相手を押すとファウルとなる。

★ 相手プレイヤーがボールを保持しているかどうかに関わらず、適用される。

ゴール下周辺でよく見られるファウル。ディフェンスがオフェンスを押して優位なポジションをとろうとするときに起こりやすい

シグナル

プッシング

胸の前で手のひらを開き、ヒジを真っ直ぐ伸ばすようにして両手を前方に押し出す。

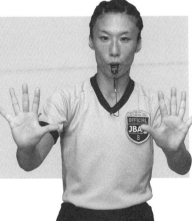

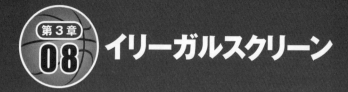

イリーガルスクリーン

スクリーン時に距離を置かず、ディフェンスの移動を妨げるとファウル

　オフェンス側がディフェンスの進路を遮るために、壁を作って攻撃のチャンスを引き出すプレイを「スクリーンプレイ」という。本来のスクリーンは、体が止まった状態で行わなければいけないが、オフェンスがスクリーンをかける際、ディフェンスの動きにつられて体を動かし、相手の移動を妨げるとファウルとなる。ディフェンスとの距離は、ディフェンスの視野の範囲内（前・横）か、視野の外（後ろ）かにもよるが、視野の外（後ろ）でスクリーンをかける場合は、1歩の距離をおかなければならない。

要チェックポイント

★ スクリーンは、体が止まった状態で行わなければいけない。

★ スクリーナーは、相手ディフェンスの動きにつられて動いてはならない。

★ スクリーナーは、相手ディフェンスの視野の外（後ろ）でスクリーンをかける場合は、1歩の距離をおかなければならない。

スクリーン時にディフェンスの動きを妨害するとイリーガルスクリーンとみなされる

正しいスクリーン。体が止まった状態でシリンダー内で体が触れあうのは OK

スクリーンをかけるときの主なフォーム

第3章 09 ダブルファウル

オフェンス、ディフェンス双方が 同時にファウルを犯した状態

　オフェンス、ディフェンス双方の2人のプレイヤーが、同時にしかもお互いにパーソナルファウルを犯した状態を「ダブルファウル」という。それぞれのプレイヤーにパーソナルファウルが記録され、フリースローは与えられない。ボールを保持していたチームのスローインからゲームが再開。両チームともボールを保持していないときに起きた場合は、ジャンプボール・シチュエーションによってスローインから再開される。シュート時に起きた場合は、シュートを入れられたチームのスローインから始まる。

要チェックポイント

★ オフェンス、ディフェンスともに同時に、しかもお互いにパーソナルファウルを犯した状態をダブルファウルという。

★ オフェンス、ディフェンスの両方にファウルが記録され、フリースローは与えられない。

★ ファウルが起こった状態によって、ジャンプボール・シチュエーションになる。

オフェンスとディフェンスが不当な接触を同時に起こした場合は、ダブルファウルの反則となる

シグナル

ダブルファウル

両手のコブシを握って頭上に上げ、腕を左右に交差する。

第3章 10 シュート時に起こるファウル

シュート時にファウルが起きた場合はフリースローが与えられる

　プレイヤーがシュートの構えをとったときから、シュートを打ち終わって着地するまでがシュート動作とみなされる。この間に起こったファウルに関しては、接触されたプレイヤーに対してフリースローが与えられる。シュート時にファウルを受け、そのボールがリングに入った場合は「バスケットカウント」として得点は認められ、ボーナスとして1本のフリースローが与えられる。審判は、シュート時においては些細なコンタクトでも見逃さないようにジャッジする必要がある。

要チェックポイント

★ シュート時のファウルには、ファウルをされたシューターに対してフリースローが与えられる。

★ シュート動作中にファウルされ、そのシュートが入った場合の得点はカウントされる。

★ 2点シュート時にファウルを受ければ2本、3点シュート時ならば3本のフリースローが与えられる。

シュート動作中に接触するとファウル

シュートを放った後、空中で接触するとファウル

シグナル

シュート時のファウルにはフリースローが与えられる

審判はファウルの判定をしたあと、フリースローの打数を示す。写真は2本のスローを示す例。

第3章 11 ポストプレイでのファウル

ヒジや手を使ったポジション取りで起きやすいファウル

　ポストにいるプレイヤーは攻守ともにシリンダーを意識し、シリンダーの範囲を超えた体の使い方で相手の動きを妨げてはならない。ポストプレイで特に多く見られるのが、ポジション取りのときに手やヒジを使ったせめぎ合い。相手を手やヒジで止めたり、押したりする体の使い方やポジション取りによっては、それぞれがファウルとなる場合もある。また、2011年からは「ノーチャージセミサークル」（P94参照）が導入され、ゴール下でアグレッシブな攻防が増えているので、審判は見極めに注意したい。

要チェックポイント

★ ポストにいるプレイヤーは、攻守ともにシリンダーを意識したプレイを心がけること。

★ ポストにいるプレイヤーは体の使い方やポジション取りによってダブルファウルを取られる場合もある。

★ ノーチャージセミサークルの適用によって、ゴール下でのアグレッシブな攻防が増えている。

ポスト付近のプレイは、プレイヤー同士が激しく接触するため、ファウルが起こりやすい

シグナル

ヒジをぶつけるファウル

ヒジをぶつけるファウルに対しては、片手のヒジを横に出してから、後ろに振る。

COLUMN 3
「ノーチャージセミサークル」の対応策

2010年は、大きなルール改正が行われた。「制限区域の変更」、「スリーポイントラインの変更」、「ノーチャージセミサークルの新設」、「24秒ルールの変更」などである。これらは、2000年シドニーオリンピック後に改正した、ショットクロック30秒から24秒への変更、クォーター制の導入以来の大きなルール改正だ。

この中で、日本人選手がなかなか馴染めないルールは、ノーチャージセミサークルの新設。ノーチャージセミサークルとは、オフェンスがディフェンスに接触してもチャージングが課せられることのないエリアをいう。エリア内を横切っているときに、空中にいることが条件となる。積極的な攻防をうながすことで、ゲームをアグレッシブにすることが狙い。日本ではゴール下に切れ込んでいくプレイは少ないが、国際大会ではゴール下での激しい攻防が頻繁に起こるだけに、一刻も早く対応策を身につけなければならない。また、審判にとっても見極める力が必要なルールといえるだろう。

ゴール下にあるノーチャージセミサークルエリア。攻撃側のプレイヤーが半円内を横切り空中で接触しても、オフェンスチャージングはとられない

第4章
その他のファウル

フェアプレイ精神

プレイヤーはスポーツマンシップに則って健全なプレイを心がける

　熱戦になると過剰なラフプレイに発展することもあるが、プレイヤーは規則に則ってフェアプレイ精神でプレイしなければならない。体のぶつかり合いは規則の範囲内で行う。ボールに正当にプレイしていない反則やハードコンタクト、スポーツマンらしくない悪質なファウルとみなされた場合、チームに罰則が与えられる。プレイヤーは公平で安全なプレイを心がけ、プレイ中に暴力的な行為、暴言、ゲームの遅延行為はしてはならない。審判は、ゲームを健全な方向へと導き、円滑にゲームを進行する。

要チェックポイント

★ プレイヤーは、規則に則ってフェアプレイ精神でプレイしなければならない。

★ ボールに正当にプレイしないファウル、スポーツマンらしくない悪質なファウルには罰則が与えられる。

★ 審判は、ゲームを健全な方向へと導き、円滑にゲームを進行する。

プレイヤーが試合前に審判に挨拶を行うこともスポーツマンとしての礼儀の一つ

シグナル

ディスクォリファイングファウル

悪質なファウルには、ディスクォリファイングファウルが宣される。両方のコブシを握って、高く頭上に突き上げて示す。

第4章 02 アンスポーツマン ライクファウル

ボールに正当にプレイしていない反則
ハードコンタクトや悪質なファウル

　ボールに正当にプレイしていない反則や、ハードコンタクトの反則のことを「アンスポーツマンライクファウル」という。主によく起こる例として、速攻を止めようとして、攻撃側のプレイヤーとバスケットとの間に防御側のプレイヤーが1人もいない状況で、後ろや横から触れ合いを起こすケースがあげられる。宣告されると、状況に応じて相手チームにフリースローと、その後のスローインが与えられる。同じプレイヤーが、アンスポーツマンライクファウルを2回行うと退場となる。

要チェックポイント

★ 規則とフェアプレイに逸脱し、正当にプレイしていないとみなされたファウルに適用される。

★ 宣告されると、相手チームにフリースローとスローインが与えられる。

★ アンスポーツマンライクファウルを2回行うとファウルの数に関係なく退場になる。

ボールに正当にプレイしていない反則は、アンスポーツマンライクファウルとみなされる

シグナル

アンスポーツマンライクファウル

片方の手で手首を握り、頭上にあげて示す。

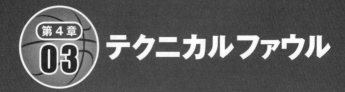

第4章 03 テクニカルファウル

暴言、挑発、遅延、暴力的な行為に与えられるファウル

　プレイヤーのパーソナルファウル以外に、審判や相手チームへの暴言、挑発行為、用具やベンチなどを蹴る、ゲーム遅延行為、審判の警告を無視するなどは「テクニカルファウル」の対象となる。コーチやベンチプレイヤー（交代要員）やチーム関係者が同様な行為を犯したり、正当な理由なくベンチエリアを出た場合には、ヘッドコーチに1つのテクニカルファウルが課せられる。テクニカルファウルを宣告されると、相手チームにフリースローが与えられる。

要チェックポイント

★ 審判に対しての暴言やスポーツマンらしくない行為は、テクニカルファウルとなる。

★ プレイヤーだけではなく、ベンチにいるヘッドコーチやプレイヤー、チーム関係者にも適用される。

★ テクニカルファウルが宣告されると、相手チームにフリースローが1本与えられる。

テクニカルファウルとみなされるプレイヤーの行為

- 審判の注意や警告を無視する。
- 審判、コミッショナー、テーブルオフィシャルズ、相手チームに対して失礼な態度で接する。
- 観客に対して無作法にふるまったり、観客を挑発するような言動をとる。
- ヒジを激しく振り回す。
- バスケットをつかんだり、スローインを遅らせたりして、ゲームの進行を遅らせる。
- ファウルをされたように見せかけ、床に倒れる。
- 最後のフリースローで防御側プレイヤーが、ボールがリングに触れる前にボールに触れたとき。

テクニカルファウルとみなされるコーチ、交代要員などの行為

- 審判、コミッショナー、テーブルオフィシャルズ、相手チームに対して失礼な態度で接する。
- ゲームの手続き上の規則、運営、管理に関する規則に違反する。
- ゲームの進行や運営に支障をもたらしたとき。

シグナル

テクニカルファウル

両手の手のひらでT字型を作る。手の位置は肩の高さで、顔が見えるように示す。

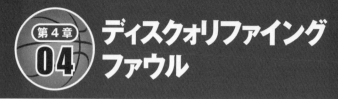

第4章 04 ディスクォリファイング ファウル

スポーツマン精神に反した もっとも悪質なファウル

　もっとも悪質なファウル。「ディスクォリファイングファウル」を犯すと、即座に失格・退場となる。ヘッドコーチ自身がテクニカルファウルを2回宣告されたり、プレイヤーがアンスポーツマンライクファウルを2回宣告されたとき、ファーストアシスタントコーチやプレイヤーが犯したテクニカルファウルがヘッドコーチに記録されて計3回となった場合にも適用される。ディスクォリファイングファウルを宣告されると、相手チームにフリースローとその後のスローインが与えられる。

要チェックポイント

★ スポーツマン精神に反し、もっとも悪質なファウルを犯すと、即座に失格・退場となる。

★ プレイヤーだけではなく、ベンチにいるコーチやプレイヤーも適用される。

★ ディスクォリファイングファウルが宣告されると、相手チームにフリースローとスローインが与えられる。

第4章 05 ファイティング

乱闘時、コーチやプレイヤーは ベンチエリアから出ると失格・退場

　ファイティングとは、コート上や周辺で暴力行為や乱闘が起きたとき、または起きそうなときに、ベンチエリアから出たコーチ、ベンチプレイヤー（交代要員）、チーム関係者などが失格・退場となるルール。ただし、ヘッドコーチとファーストアシスタントコーチは、暴力行為を止めるためであればベンチエリアから出ることはできるが、コートに入っても争いを止めようとしなければ失格・退場となる。ファイティングを犯すと、ヘッドコーチに1つのテクニカルファウルが記録されるが、チームファウルにはカウントされない。

要チェックポイント

★ コート上のプレイヤーではなく、ベンチにいるコーチや交代要員、チーム関係者に適用される。

★ コート上のプレイヤーに争いが起きたとき、ベンチエリアから出ると失格・退場となる。

★ ヘッドコーチとファーストアシスタントコーチに限り、争いを止める目的ならエリアを出てもよい。

基本知識

バリエーション

ファウル

その他のファウル

審判の知識

3×3のルール

ミニバスのルール

スコアシートのつけ方

103

5ファウル

5回ファウルするとそれ以降はそのゲームに出場できなくなる

　プレイヤーは、全クォーターを通して、パーソナルファウルとテクニカルファウルの両方を含めて5回のファウルを犯してはいけない。5回目のファウルを犯すと、そのプレイヤーは、それ以降は二度とそのゲームに出場することができなくなる。また、5ファウルを宣告されたら、プレイヤーの交代は30秒以内に行われなければならない。また、5ファウルを犯したプレイヤーが、その後、ベンチでテクニカルファウルを宣告されたときは、ヘッドコーチにテクニカルファウルが記録される。

要チェックポイント

★ 全クォーターを通じて5回ファウルをしたら退場となり、以降そのゲームには出られない。

★ 5ファウルを宣告されたら、30秒以内に交代をしなければならない。

★ 5ファウルで交代したプレイヤーがベンチで犯したテクニカルファウルは、ヘッドコーチに記録される。

第4章
07 チームファウル

各チーム、5回ファウルすると
相手にフリースローが与えられる

　各クォーターに、プレイヤーがパーソナルファウルとテクニカルファウルを合わせて4回犯したチームは、それ以降のファウルには、「チームファウル」の罰則が適用される。5回目以降のファウルを犯した場合は、シュート動作中でなくても、相手チームに2本のフリースローが与えられる。インターバル中のファウルは、次のクォーターのチームファウルに数えられる。また、延長時限は第4クォーターの続きとみなされ、チームファウルは第4クォーターから引き継いで加算される。

要チェックポイント

⭐ **各クォーター、5回目以降のファウルは、相手チームにフリースローが与えられる。**

⭐ **オーバータイムのチームファウル数は、第4クォーターから引き継いで加算される。**

⭐ **チームファウル数は、テーブルオフィシャルズ席にある用具で表示される。**

基本知識

バイオレーション

ファウル

その他のファウル

審判の知識

3×3のルール

ミニバスのルール

スコアシートのつけ方

105

第4章 08 フリースロー

フリースローラインから打つ誰にも邪魔されないシュート

　フリースローラインの後ろの半円内から誰にも邪魔されずに打つシュートで、成功すると1点となる。スローの数はファウルの種類や状況によって1〜3本、与えられる。シュート動作中にファウルを受けた場合や、1クォーターでチームファウルが5回目以降の場合に与えられる。シューターは、審判からボールを手渡されて5秒以内にスローをしなければいけない。シューターは、ボールがリングに当たる前に、リバウンダーはボールがシューターの手から離れる前に、制限区域内に入ることも禁じられている。

要チェックポイント

★ **成功すれば1点。フリースローの数はファウルの種類や状況によって1〜3本、与えられる。**

★ **パーソナルファウルをされたプレイヤーがスローする。テクニカルファウルの場合はヘッドコーチが指名。**

★ **シューターはボールを渡されてから、5秒以内にスローしなければならない。**

フリースローラインから打つ誰にも邪魔されないシュートをフリースローという

フリースロー時のプレイヤーの位置例

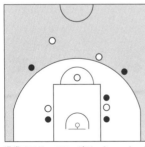

通常のフリースロー時は、シューターと同じチームのプレイヤーは2人、相手チームは3人がゴール下そばに位置。それ以外のプレイヤーは、スリーポイントエリア外にいなければいけない

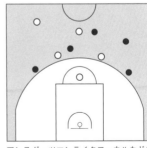

アンスポーツマンライクファウルなどフリースローのあとにスローインで再開されていることが決められているときは、シューター以外のプレイヤーはスリーポイントエリア外にいなければいけない

第4章 09 フリースローの バイオレーション

ラインを踏み越え、制限区域に入ると、フリースローは認められない

フリースロー時にシューターがラインを踏んだり、ボールを渡されて5秒以内にシュートをしないとバイオレーションになる。また、シューターはボールがリングに触れる前に、リバウンダーはボールがシューターの手から離れる前に、制限区域に入ってはいけない。シューターのバイオレーションがあった場合は、ゴールをしても得点が認められない。シューター以外の両チームのプレイヤーに反則があった場合、ゴールすれば得点は認められ、ゴールできなかった場合は、ジャンプボール・シチュエーションとなる。

要チェックポイント

★ シューターは5秒を超えてのシュートや、ボールがリングに触れる前に制限区域に入ることは違反となる。

★ シューター以外のプレイヤーは、シューターの手からボールが離れる前に制限区域に入ってはいけない。

★ 最後のシュートがゴールできなかった場合は、そのまま試合が続行される。

シューターはボールがリングに触れる前に、リバウンダーはボールがシューターの手から離れる前に、制限区域に入るとバイオレーションになる

プレイヤーは必ずライン外で構える

ラインを踏んだり、越えてはいけない

シグナル

フリースローが行われている合図

2本か3本のフリースローを与えられたときの最初のフリースローが行われている間に示す合図。手を開いて指をそろえて両手をあげて示す。

第4章
10 特別な処置

反則宣告中の新たなファウルは
同等の罰則から相殺される

　バイオレーションやファウルが宣告されて、ゲームクロックが止められている間に、新たに別のファウルが宣告された場合は、特別な処置が適用される。ファウルをすべて記録し、ファウルが起こった順序を確定させて等しい重さの罰則から相殺される。ファウルの罰則となるスローインは、最後の処置に含まれる場合だけ適用される。相殺後に残った罰則は起きた順序に従って適用されるが、残ったフリースローの1投目やスローインのときに、新たなファウルが生じても相殺対象にはならない。

要チェックポイント

⭐ バイオレーションやファウルがあってゲームが停止されている間に、新たに別のファウルが宣告された場合は、特別な処置が適用される。

⭐ ファウルはすべて記録され発生順序を確定後に、等しい重さの罰則を相殺。

⭐ ファウルの罰則に含まれるスローインは、最後の処置に含まれる場合だけ適用される。

特別な処置の手順

1. ファウルはすべて記録する。バイオレーションを含むそれぞれの罰則を確認する。

2. ファウルが起こった順序を確認する。

3. バイオレーション、ファウルが起こった順序に従って、等しい重さの罰則を相殺する。

4. ダブルファウルの場合はそれぞれのファウルは記録するが、ダブルファウルの処置は適用しない。一度、相殺したり取り消した罰則は適用されない。

5. それぞれの罰則に含まれているスローインは、最後の処置に含まれる場合だけ適用する。それ以外のスローインは取り消す。

6. 残った罰則をファウルの起こった順序に従って適用する。

7. 相殺した結果、残ったフリースローの1投目またはスローインのボールがライブになったあとで別のファウルがあったときは、一度ライブになったフリースローやスローインは相殺の対象とならず、スローインは取り消される。フリースローの場合は、残りのフリースローを終わらせてから、別のファウルの処置をする。

8. 両チームの罰則を相殺していったあとに適用する罰則が残らない場合は、次の方法でゲームを再開する。

   ・最初の違反が宣せられ、同時にシュートが成功して得点が認められた場合は、得点されたチームが、エンドラインからスローイン。

   ・最初の違反が宣せられ、一方のチームがボールをコントロールしていたかスローインが与えられることになっていた場合は、そのチームは最初の違反が起きた最寄りのラインからスローイン。

   ・最初の違反が宣せられ、どちらのチームもボールをコントロールしていなかったかスローインが与えられることになっていなかった場合は、ジャンプボール・シチュエーション。

第4章 11 処置の訂正

フリースローや得点の誤りは、処置の訂正が可能

　ゲーム中に審判が処置の誤りに気がついたら、どちらのチームにも不利にならない限り、ただちにゲームを止め、処置の訂正を行うことができる。訂正できる処置は、得点とフリースローに関する右にあげた4つの場合のみ。訂正できる時機は、ゲームクロックが動き始めてから最初にデッドになり、次にライブになる前に限る。規則に定められた時機が過ぎると訂正はできない。審判がゲームを止めるまでに入った得点や時間は、フリースローの得点以外は取り消すことができない。

要チェックポイント

★ 審判は誤りに気がついたら、両チームが不利にならない状況であればゲームを止めることができる。

★ 審判は特定の場合に限り、処置を訂正することができる。

★ 誤りに気づくまでに入った得点や時間は、フリースローの得点以外は取り消すことができない。

処置の訂正の仕方

①与えられるべきフリースローを与えないで
ゲームを再開してしまった場合

・誤りに気がついてゲームが止められるまで、ボールを保持しているチームが一度も変わっていない場合は、訂正のフリースローを行う。ゲームは通常のフリースローのあとと同じように再開される。

・スローインのボールを誤って与えられたチームが、ボールを保持して得点した場合は、処置の誤りはなかったものとして訂正はしない。

②与えてはいけないフリースローを与えていた場合

・そのフリースローは取り消される。

・ゲーム・クロックが動き始める前に誤りに気がついたときは、誤ったフリースローをしたチームにボールが与えられ、スローインでゲームを再開する。

・ゲーム・クロックが動き始めてから誤りに気がつき、誤ってフリースローが与えられたチームがボールを保持していた場合は、誤ったフリースローをしたチームにボールが与えられ、スローインでゲームを再開する。

・ゲーム・クロックが動き始めてから誤りに気がつき、誤ってフリースローが与えられたチームの相手チームがボールを保持していたときは、ジャンプボール・シチュエーションとなる。

③指定外のフリースロー・シューター以外が
フリースローを行っていた場合

・そのフリースローは取り消される。

・フリースローが終わるまでの間に誤りに気がついた場合は、フリースローラインの延長線上のライン外から相手チームのスローインによって再開される。

・ゲームが再開されてしまったあとに誤りに気がついた場合は、審判がゲームを止めたときにボールがあったところの最寄りのライン外から相手チームのスローインによって再開される。

・フリースロー前に誤りに気がついた場合は、正しいフリースロー・シューターにフリースローをさせてゲームを再開する。

④間違えて得点を認めたり取り消していた場合

得点、ファウルの数、タイムアウトの数などについてのスコアラーによる記録の間違いおよびタイマーによるゲーム・クロックの操作の誤りによる競技時間の計測の間違いは、審判の承認によっていつでも訂正することができる。

基本知識

バイオレーション

ファウル

その他のファウル

審判の知識

3×3のルール

ミニバスのルール

スコアシートのつけ方

COLUMN 4
審判とのコミュニケーションも大切

　試合中、プレイヤーが審判から見えないところで反則を犯しているケースがある。たとえば、相手プレイヤーから手で押さえられているときや、オフェンスのプレイヤーが制限区域に3秒以上長くとどまっていると感じたときなどは、チームのコート上の代表者であるキャプテンが審判に確認することも1つの方法だ。

　試合中に起きた疑問をキャプテンが、ゲームクロックが止まっているときに礼儀正しく、丁寧に審判に聞いたり、確認したりすることは違反ではない（審判のジャッジに対して不服をアピールすることとは別問題）。審判はプレイヤーの声に時には耳を傾けることも大切であるため、審判とのコミュニケーションも大事な戦術といえよう。

　日本人プレイヤーは、こうした審判との良い意味でのコミュニケーションが苦手とされている。国際大会では英語で話さなければ、という考えから恥ずかしがって質問を控えることも多いが、言葉が話せなくても表情や身ぶり手ぶりでも伝わることは多い。

　そして、審判に確認することにより、プレイヤー自身の解釈が正しいのか、間違っていたのかを確認して、次のプレイに反映できるというメリットもある。

ゲームクロックが止まっている時に、キャプテンが礼儀正しく丁寧に審判に質問する

第5章 審判の知識

第5章 01 審判の役割

プレイヤーの能力を最大限に引き出し、ゲームの進行をコントロール

　審判は、規則に従って判定を下す権限を持ち、ゲーム進行をコントロールする任務がある。審判員が2人制の場合は主審と副審、3人制の場合は主審1名と副審2名で構成される。バスケットボールは、規則の中で激しいコンタクトが起きるスポーツである。ボディコンタクトを見極めることで、いかにプレイヤーの能力を最大限に引き出し、"迫力とスピード"というバスケットボールの醍醐味を観客に伝えるか。審判とは、その競技が持つ魅力を、コート上で表現するための環境を提供する役割を担っている。

要チェックポイント

★ 審判は、規則に従って判定を下す権限を持ち、ゲーム進行をコントロールする任務がある。

★ 2人制の場合は主審と副審、3人制は主審1名（クルーチーフともいう）と副審2名で構成される。

★ 審判とは規則の中でプレイヤーの能力を最大限に引き出し、競技の持つ魅力を伝える。

主審の任務と権限

・ゲーム中に使用されるすべての用具・器具を点検し、承認する。

・公式のゲームクロック、ショットクロック、ストップウォッチを指定し、テーブルオフィシャルズを確認する。また、IRS（インスタントリプレイシステム）の機器も確認する（使用する大会だけ）。

・大会主催者（またはホームチーム）が用意した規格に合った2個以上の使用されたボールの中から、ゲームで使うボールを選ぶ。

・主審は、用意されたボールがゲームで使うのに適当ではないと判断したときは、その場で使うことのできるボールの中から最もよい状態のものを選んでゲームに使ってもよい。

・プレイヤーに危険と思われるものの着用を禁ずる。

・第1クォーターを始めるためにセンターサークルでジャンプボールをさせる。また第2以降のクォーター開始時には、スローインのボールをプレイヤーに与える。

・事情によりゲームを中断する権限がある。

・ゲームを没収する権限を持つ。

・競技終了後、あるいは必要と思われるときには、いつでもスコアシートを綿密に点検し、承認する。

・審判の権限は、ゲーム開始予定時刻の10分前に、国際試合は20分前に始まり、ゲーム終了の合図を確認したときに終わる。終了後、主審がスコアシートを承認しサインをしたとき、審判とゲームの関係が終了する。

・審判の意見が一致しないときなど、主審が最終的な決定をくだす。

・競技規則に示されていないあらゆる事項に決定をくだす権限を持つ。

基本知識

バイオレーション

ファウル

その他のファウル

審判の知識

3×3のルール

ミニバスのルール

スコアシートのつけ方

117

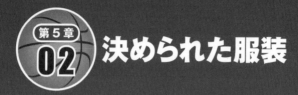

決められた服装

服装や身だしなみを常に整え、毅然とした態度で試合に臨む

　審判はプレイヤーと区別するために、審判用のシャツ、黒いパンツ、黒いソックス、黒いシューズを身につける。審判はコートを何往復も走り、機敏に動き回るために、動きやすく足にフィットしたシューズを着用することが望ましい。日本バスケットボール協会では、審判の技術を「S級」、「A級」、「B級」、「C級」、「D級」、「E級」の6階級としており、左胸には階級を意味するワッペンをつける。審判は信頼される立場として、服装や身だしなみを常に整え、毅然とした態度で試合に臨むこと。

要チェックポイント

★ 審判の服装は審判用のシャツ、黒いパンツと靴下とシューズを履き、首から笛をかける。

★ 資格を示す「S級」、「A級」、「B級」、「C級」、「D級」、「E級」のワッペンをシャツの左胸につける。

★ 審判は信頼される立場として、服装や身だしなみを整え、毅然とした態度で試合に臨む。

正面 / 背面

国際試合用のユニフォーム

国内試合用のユニフォーム

「S級」、「A級」、「B級」、「C級」、「D級」、「E級」ワッペン
左胸には審判の階級を表すワッペンをつける。

ホイッスル
反則が起きたと判断したときは、瞬時にホイッスルを吹く。口にくわえていないときは、首もとで固定する

第5章 03 求められる姿勢

広い周辺視野を身につけ常に動き回れる姿勢をとる

　審判は信頼される立場であることから、毅然とした姿勢でジャッジをすることが大切である。前屈みになると視野が狭くなるので、常に姿勢を正す。また、タイムアウト中などの時間帯に、腰に手を当てて片足荷重になるような姿勢になることも避けたほうがよい。審判はコートを往復し、ルーズボールはできるだけ近づいてボールの行方を見る。速攻時はプレイヤーとともに走らなければならない。状況によって見るポイントが変わるので、次のプレイに備えて常時動き出せる姿勢をとり、広い視野を持って臨みたい。

要チェックポイント

★ 公平で信頼される立場の審判は、毅然とした姿勢でジャッジすることが大切。

★ 前屈みになったり、腰に手を当てるような姿勢は避ける。

★ 状況によって見るポイントが変わるので、次のプレイに備えられる姿勢を心がけたい。

広い周辺視野を保つには、猫背にならないよう背筋を伸ばして任務を行う

シグナル

プレイヤーを招くときの動作

手のひらを上に向けてゆっくりと手前に引く。〇

手のひらを下に向けて招かない。横柄な態度はNG。✕

第5章

04 見極めと判断

プレイへの影響を見極めて
公平で適切な判断を行う

　審判はジェスチャーを示す際、全身を使って大きくはっきり行う。コート上のプレイヤーやベンチ、観客にわかるように示す。プレイヤー同士が接触した場合は、その責任と影響を見極めてファウルを宣告するか決める。影響がないと判断したときは宣告せず、プレイに影響があったと判断したら宣告する。審判同士のジャッジが一致しないときには主審が最終的な決定権を持つ。また、コートが滑りやすくなっている場合や負傷者が出て救護が必要なときはプレイを止めるなど、適切な判断も求められる。

要チェックポイント

★ ジェスチャーは全身を使って大きくはっきりと、プレイヤー、ベンチ、観客など、周囲にわかるように示す。

★ 常にコート状況や負傷者の状況などに注意を払い、適切なゲーム運営を行う。

★ 審判同士のジャッジが一致しないときは、主審が最終的な決定を下す。

審判は全体を視野に入れつつ、プレイヤー同士の接触、その影響度合いをよく見極める

シグナル

ジャンプボール

これから始まるゲームへの信頼を得るためにも、審判はトスアップを正確に行う。ジャンプするプレイヤーとの身長差を考え、適正な高さで真っ直ぐボールを上げる。

2人制のポジション

全プレイヤーを視野に入れ 別の角度からボールの動きを追う

　2人制は主審1人、副審1人で構成される。適切な判断をするために役割を分担し、それぞれに決められたポジションをとる。攻撃の進行方向に対して先行してエンドライン側に位置する審判を「リード・オフィシャル」、後方から追いかけてセンターライン側に位置する審判を「トレイル・オフィシャル」という。リードとトレイルは攻撃する方向によって、位置と役割を交互に交換しながら審判をする。2人の審判は別の角度から、たえず全プレイヤーと相手審判の位置を視野に入れて判定を行う。

要チェックポイント

★ **2人審判制では主審1人、副審1人で構成。**

★ **リードとトレイルは攻撃する方向によって位置と役割を交互に交換しながら審判をするため、コンビネーションが必要。**

★ **たえず全プレイヤーを視野に入れ、お互いが別の角度から動きを追って判定をする。**

トレイル・オフィシャルの役目

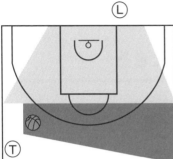

ボールの左側の少し後ろ、およそ3m～5mほど離れたところで、プレイヤー同士のスペースを見ながら追いかけていく

リード・オフィシャルの役目

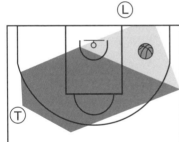

エンドラインに向かってできるかぎり速く動き、プレイが自分のほうに向かってくるような位置で待ち受けてポストプレイを中心に判定する

3人制のポジション

見えない範囲が減り より正確な判定ができる

　近年のスピード、パワー、高さのレベルアップに対応するために、国際大会をはじめ世界各国で採用されているのが、主審1人、副審2人の3人制である。審判から見えない範囲が減り、より正確な判定ができることが利点。リードとトレイルが攻守の切り替えによって交互に動くことは同じだが、3人制はリードの反対サイドで、トレイルよりもバスケットに近いところに位置する「センター・オフィシャル」が加わる。たえず3人でコンビネーションをとりながら動くことが重要。

要チェックポイント

★ 国際大会や世界各国のプロリーグ、日本国内の主要大会では3人制審判を採用。

★ リードとトレイルのほかに、センターに位置してジャッジをする審判が加わる。

★ 3人で1つのチームとなり、信頼とコンビネーションが欠かせない。

3人制の基本的な責任範囲

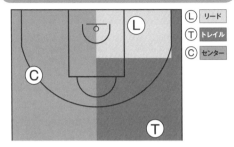

ボールがテーブルサイドにあるときの配置

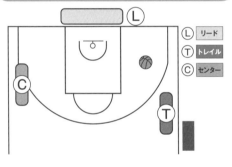

ボールがオポジットサイドにあるときの配置

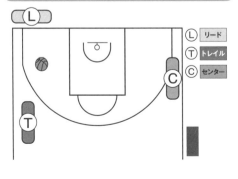

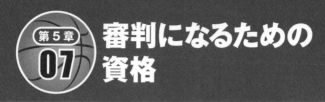

審判になるための資格

審判技術によってわかれる階級 国際審判員になるには推薦が必要

　日本バスケットボール協会（JBA）公認審判の資格は、技術によって「S級」、「A級」、「B級」、「C級」、「D級」、「E級」の6階級にわかれている。B.LEAGUE、WJBL等や全国大会はS級、FIBA（国際バスケットボール連盟）主催の大会は、国際審判員の資格が必要となる。受験の条件は35歳以下でS級公認取得者であること。JBAの推薦を受け、その後、技量や英会話や体力テストに合格した者が国際審判員の資格を得る。

要チェックポイント

★ 審判資格は日本国内では「S級」、「A級」、「B級」、「C級」、「D級」、「E級」の6階級。各々、試験によって昇格する。

★ FIBA主催の国際審判員になるには、S級公認資格を持ち、25歳以上、35歳以下でなければ推薦を受けられない。

★ 国際審判員は、コミュニケーション能力として、英語力が欠かせない。

日本バスケットボール協会（JBA）の公認資格

資格	カテゴリー	条件	主な大会
国際審判員	国際大会	35歳以下に受験すること。S級を持ち、JBAの推薦を受け、FIBAの試験に合格した者	オリンピック、ワールドカップ、アジアカップなど
S級	全国大会	A級資格を持ち、JBAが認定した者	B.LEAGUE、WJBLや全国大会
A級	ブロック大会	B級資格を持ち、ブロック協会の推薦を受けJBAが認定した者	全国大会、社会人、高校、中学の大会
B級 C級 D級 E級	主に都道府県の大会	各都道府県協会の推薦を受けJBAが認定した者	社会人、高校、中学の大会

審判への道のり

都道府県協会に問い合わせてみよう

審判を志そうと思ったら、住んでいる地域の都道府県バスケットボール協会に問い合わせてみるとよい。そこで、地域で活動しているチームはあるのか、どんな大会を行っているかなどの情報を収集。ミニバスケットボールや地域の大会に帯同して笛を吹いてみることから始めてみよう。各都道府県、JBAでは、技術指導を定期的に行っている。審査を通過すれば、昇格が可能だ。

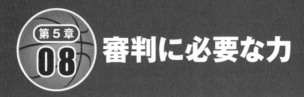

審判に必要な力

バスケットボール以外の経験や日常生活で学んで力をつける

　審判に必要なのは、ゲームを裁く技量はもちろんのこと、コミュニケーション能力が必要とされる。それは、試合中はプレイヤーやコーチ、パートナーとなる審判など、人間同士の関わり合いのもとに成り立つからである。日本においてバスケットボールの審判をしている人の多くは、仕事と両立しながら行っている。バスケットボール以外の経験や知識、日常の生活において学ぶ広い視野を大切にしたい。また、国際化に伴い、英語能力や映像教材を学べるよう知識と環境の準備をおすすめする。

要チェックポイント

★ 人間同士の関わり合いが深いスポーツであり、コミュニケーション能力が必要とされる。

★ バスケットボール以外の知識や視野の広さ、審判として場数を踏む経験が必要とされる。

★ 国際化に伴い、英語などの語学能力が必要とされる。国際審判員を目指す人は必須事項。

求められる力

- コミュニケーション能力
- 経験
- 集中力
- 審判技術
- 体力・走力
- 情報収集能力
- バスケットボールの技術の理解
- 英語などの語学力
- 自己管理能力

審判員同士の情報交換、コミュニケーションも欠かせない

試合前の準備①

コンディションの調整は不可欠
試合前は動ける準備をしておく

　プレイヤーと同様に、審判も試合前の心得や準備が重要である。それぞれの生活環境に合わせたトレーニングで体力を維持する必要がある。試合の欠場を避けることからも、日常からコンディションを整えることが大事だ。また、試合勘を鈍らせないためにも、試合間隔を空けずに笛を吹くことを心がけよう。日頃から様々なカテゴリーのゲーム観戦をしてジャッジする目を養いたい。試合前には、心拍数を上げる運動、入念なストレッチを行うことで、ゲームに入りやすくなる。

要チェックポイント

★ 自分の生活環境に合わせたトレーニングで体力を維持する。

★ 試合の欠場を避けることからも、日常からコンディションに留意する。

★ 試合感を鈍らせないために、間隔を空けずに笛を吹くことや、様々なゲームを観戦して目を養うこと。

アキレス腱

コートを何往復もする審判にとって、アキレス腱はしっかりと伸ばしておきたい。壁を使って左右の足首をゆっくりと伸ばす。

上半身

試合前に体をほぐす場所がないときには、その場でできる上半身のストレッチをすすめたい。左右の腕を伸ばしてストレッチをする。

全身

少しの場所でいいので、スペースが確保できれば、ストレッチの最後に全身をほぐしたい。ハムストリング(太腿の裏)と足首を意識し、全身を伸ばす。

第5章 10 試合前の準備②

審判もプレイヤーと同様
ウォーミングアップは欠かせない

腕立て

ストレッチ後、徐々に心拍数を上げていく準備体操に入る。腕立て伏せは1回をしっかりとゆっくり行う。

股関節の回旋

壁に手をついて、片足はつま先立ち。ハムストリングスや股関節を意識しながら、片足をあげて回していく。これを両足行う。

足振り

壁に手をついて、片足はつま先立ち。片足を上げて徐々に強度を強くし、勢いよく高く上げていく。左右、前後に振り、両足行う。

前後

左右

ライン上ステップ

目印となるラインがある場合は、ラインをまたぐように小刻みにステップを踏んでいく。体全体が温まるまで、リズムよく行う。

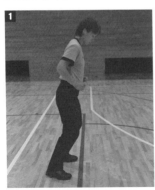

第5章 11 得点・時計のシグナル

シュートの軌道を追いながら、シュート動作後もよく見極める

　シュート時は様々な状況が起こりうる。些細な手の触れ合いがシュートを狂わせる原因になるので、審判はシュートボールの軌道を追う一方で、シュート動作時と動作後のファウルも見極めなければならない。そのため、シュート動作のみならず、ボールが手から離れたあとの状況も視界に入れることも大事。シューターの近くにいる審判がシュートの動作中と動作後を見極め、もう一方の審判がボールの軌道を追うように役割を分担する。

　審判は得点が入ったときには、1点、2点、3点のカウントを示す数字を指ではっきりと示す。得点や時間を示す審判のゼスチャーは、コーチやプレイヤーのみならず、ゲームを観戦する観客側も知っておくと試合の流れを読み取りやすいので、ぜひ覚えたい。

1点を認めるとき

2点を認めるとき

スリーポイントシュートを行ったとき

3点を認めるとき

得点を認めないとき、またはプレイのキャンセル

笛を鳴らしてクロックを止める

ファウルが起きてクロックを止める

タイムイン。クロックを動かす。

ショットクロックのリセット

第5章 12 タイムアウト・選手交代 背番号のシグナル

タイムアウトを有効に使い トラブルが起きていないか確認

　審判はタイムアウト中においても、試合進行に気を配ることが重要だ。タイムアウト中はテーブルオフィシャルズや審判同士でコミュニケーションを図り、トラブルが起きていないか、残りのタイムアウト数や、次の進行の準備ができているか確認し合う。プレイヤーの交代時には、どのプレイヤーが交代で入ったか目で追い、常に5人がコートにいるかチェックする。またゲームの流れを把握してタイムアウトを予測するなど、常に先を読んで試合進行を司ることが任務である。ファウルが起きると、審判はテーブルオフィシャルズにファウルをしたプレイヤーの背番号を告げるゼスチャーをする。電光掲示板にプレイヤー名やファウルの数が示されない場合は、観客は審判のゼスチャーによってファウルしたプレイヤーの背番号を確認するとよい。

交代

タイムアウト

審判同士の確認の合図

5秒のカウントの合図

プレイヤーの番号、4番を示す

プレイヤーの番号、8番を示す

プレイヤーの番号、14番を示す

10番台を握りコブシで表示し、プレイヤーの番号、18番を示す

20番台を2本指で表示しプレイヤーの番号28番を示す

77番など大きい番号を示す場合は先に2桁目を示し、後に1桁目を示す

55番は片手で2回に渡って示す

第5章 13 バイオレーションの シグナル

動作は大きくゆっくりと わかりやすいシグナルを心がける

トラベリング

イリーガルドリブル（ダブルドリブル）

イリーガルドリブル（パーミング）

3秒ルール

5秒ルール

8秒ルール

24秒ルール

バックコート・バイオレーション

ボールを故意に足で蹴ったとき
つま先を指でさし示す

バイオレーションのあと
次に攻撃が行われる方向を示すとき

ヘルドボール／
ジャンプボールシチュエーション

試合の残り2分以降のスローインに示す

IRS（ビデオ判定）に入るとき

第5章 14 ファウルのシグナル

プレイに影響のある接触は瞬時に笛を吹き、判定を示す

ハンドチェッキング

ブロッキング

ヒジをぶつけるファウル

ホールディング

プッシングまたはシュート後のチャージング

オフェンスのチャージング

オフェンスのファウル

ダブルファウル

テクニカルファウル

アンスポーツマンライクファウル

ディスクォリファイングファウル

フェイクと判断された時のジェスチャー

第5章 15 フリースロー時のシグナル

打数の間違え、バイオレーションに注意して進行する

フリースローの数

ファウルの内容を見極めたあと、フリースローの数をはっきりと示す

1本のフリースロー

2本のフリースロー

3本のフリースロー

次に攻撃が行われる方向を示す合図

ボールを保持しているチームがファウルしたとき、次に攻撃が行われる方向を示す

ファウル後、次に攻撃が行われる方向を示す

制限区域内でフリースローを示すとき

シューターにボールを渡したあとに
はっきりと示す

1本のフリースロー

2本のフリースロー

3本のフリースロー

制限区域の外でフリースローを示すとき

フリースローバイオレーションが
起きないか、よく見極める

1本のフリースロー

2本のフリースロー

3本のフリースロー

COLUMN 5
国際舞台で活躍する日本の審判

2012年、橋本信雄コミッショナーと須黒祥子審判員の2人がロンドンオリンピックの舞台に立った。須黒審判員はアテネ大会に続いて2回目。また、審判やテーブルオフィシャルズを統括する「ジュリー」の職で招聘された橋本コミッショナーは初の参戦だった。

オリンピックや世界選手権の審判員は、FIBAからの指名制になっている。日本は国際大会のたびに審判員を派遣しており、日本の審判員たちの公平性や勤勉性は世界でも高く評価されている。

ロンドンオリンピックでは、須黒審判員が女子3位決定戦を担当。橋本コミッショナーは、開催地イギリスと優勝候補スペインとの重要な一戦を任されたほか、13試合を担当するなど、円滑なゲーム運営は世界の舞台でも輝いていた。

「審判の技量を上げることが、ひいては競技力アップにつながる」と語る橋本信雄コミッショナー。国際舞台で活躍の場を求め、日々努力を重ねて前進していくのはプレイヤーのみならず、審判の世界も同様だ。

審判員はプレイヤー同様、日々技術を磨いている

3×3のルール

3×3の魅力

誰もが気軽に楽しめる新競技
バスケットボールの普及・発展を担う

新しいバスケットボール競技

3×3（スリーエックススリー・スリーバイスリー）は、FIBA（国際バスケットボール連盟）が、「バスケットボールの普及・発展のために」設立した新しいバスケットボールの競技。通常の5対5で行う団体競技とは区別すべく、FIBAが個人競技として2012年に設立した。競技形式は1990年代に流行した3on3（スリーオンスリー）と同様で、ハーフコートの中で3対3によって得点が競われる。登録はチームではなく個人なので、誰もが気軽に楽しめるのも魅力の1つ。

オリンピック正式種目入りを果たす

普及・発展に加えてもう1つの目標として、オリンピックへの参加がある。バスケットボールは213の国と地域がFIBAに加盟している世界有数の競技人口を誇るスポーツだが、オリンピックは、12ヶ国しか出場できない狭き門。出場枠を増加させることが困難である現状を踏まえてFIBAは、「3×3の普及と発展によって、メジャースポーツとしての地位を確立する」ことを目的としてきたが、2020年東京オリンピックから正式種目として追加採用されることがIOCから発表された。

世界各地でイベントやトーナメント戦が行われている。これからも広がりを展開していく個人競技

© fiba.com

ランキング上位は世界大会へ

誰もが気軽に登録して楽しむことができる3×3は、各大陸や地域で広く普及し始めてきた。いまや世界各地でイベントが行われている。3×3は個人でFIBAの3×3サイト(※)に登録して、大会出場のたびにポイントを加算するシステム。トッププレイヤーともなれば、ランキング上位となって、ワールドクラスの大会に出場することも可能である。現在、日本でも3×3でオリンピック出場を目指す優秀なプレーヤーが多く出てきている。

要チェックポイント

★ バスケットボール競技における個人種目であり、登録はチームベースではなく、個人ベース。

★ バスケットボールの普及・発展を担い、オリンピック正式種目になることが決定している。

★ 順位の決定は、ポイント加算のランキング方式。試合数を重ね、結果を出せば出すほどポイントが加算される。

※ FIBA 3×3 公式ウェブサイト https://worldtour.fiba3x3.com/2019

第6章 02 コートとエリア

ハーフコートでの攻防戦
アークを採用

コート

現在、3×3のゲームは、FIBAやJBA主催の公式大会では横15m、縦11mの大きさのコートで行われているが、一般的なバスケットボールコートのハーフコートを使用してもよい。また、環境によってはより小さいハーフコートやハーフコートが描かれただけのコートを使用してもよい。3×3はハーフコートがあれば、部活動やクラブチームの練習に取り入れることもでき、野外コートでも行うことができる。

得点・エリア

3×3のゲームでは、正規のコートにおけるスリーポイントラインを「アーク」と呼ぶ。アークの内側からのシュートによるゴールは1点、アークの外側からのシュートによるゴールは2点。フリースローによる得点は1点とする。3×3のゲームは、個人で打開する1対1の駆け引きや、3人の呼吸を合わせたコンビネーションプレイが必要とされる。ハーフコートエリアでいかに得点するかという戦術においては、オールコートで展開される競技とは違った楽しみや魅力がある。

シュートエリア

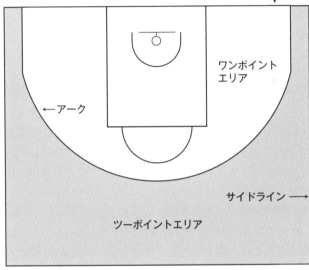

要チェックポイント

★ 横15m、縦11mのコートで行われるが、一般的なバスケットボールコートのハーフコートを使用してもよい。

★ 正規コートにおけるスリーポイントラインを、アークと呼ぶ。

★ アークの内側からのゴールは1点、外側からのゴールは2点。フリースローによる得点は1点とする。

第6章 03 勝敗の決め方

時間は10分21点以上得点したら その時点でゲーム終了

チーム人数・交代

ゲームに出場できるチームメンバーは最大4人とする。メンバー構成はコート上のプレイヤーが3人、交代要員が1人で、交代はボールデッドになったときに認められる。コーチや関係者をおくことは認められず、交代要員以外はベンチに座ることはできない。

競技時間

ゲームは10分のピリオドを1回行う。タイムアウトは各チームとも1回ずつとることができ、時間は30秒とする。ボールデッドになったときにはゲームクロックは止められる。

勝敗の決め方

ゲーム終了時点で得点の多いチームを勝ちとする。ただし、どちらかのチームが21点以上得点したときはその時点でゲームは終了し、そのチームの勝ちとする。競技時間が終わったとき同点だった場合は、オーバータイムを行う。1分のインターバルをおき、オーバータイムでは競技時間を計らず、先に2点を得点したチームの勝ちとする。試合前のコイントスで防御側になったチームは、オーバータイムになった場合に自動的に攻撃権を得るので、高度な戦術として考えるチームもある。

コート上には攻撃側3人、防御側3人、計6人がプレイ。審判は2人または1人、両チーム協力し合って行う

要チェックポイント

★ 競技時間は、10分のピリオドを1回だけ行う。

★ 競技時間が終了した時点で、得点の多いチーム、または先に21得点を取ったチームが勝利。

★ 競技終了時点で同点だった場合は、オーバータイムが行われ、先に2点を得点したチームが勝利。

第6章 04 ゲーム開始の方法

攻撃側がチェンジしたときはアークの外から開始

ゲームの開始

ゲームの開始はコイントスによって決める。勝ったチームが、最初に攻撃側チームとなるか、防御側チームとなるかを選択する。

得点あるいは最後のフリースローが成功したとき

リングを通過したボールを最初にコントロールしたゴール下の地点から、得点を奪われたチームのプレイヤーが直接ゲームを再開する。新たに攻撃側になったチームは、ボールをいったんアークの外まで運んでから攻撃を開始しなければならない。

得点あるいは最後のフリースローが成功しなかったとき

シューター側チームのプレイヤーがリバウンドのボールをコントロールした場合は、ボールをいったんアークの外まで運ばずにそのままシュートをすることができる。相手チームのプレイヤーがリバウンドのボールをコントロールした場合は、ボールをいったんアークの外まで運んでから攻撃を開始しなければならない。

スティール等でボールのコントロールが変わったとき

スティールやターンオーバーが起こり、アークの内側で防御側プレイヤーがボールを新たにコントロールした場合、ボールをいったんアークの外まで運んで攻撃を開始し

バイオレーションなどが起きたあとは、アーク外側の頂点付近で防御側のプレイヤーが攻撃側のプレイヤーにパスをして、攻撃が開始される

なければならない。スティールやターンオーバーが起こったときに、アークの外側の床に両足が触れている防御側プレイヤーがボールを新たにコントロールした場合は、適用されない。

ジャンプボール・シチュエーション

ジャンプボール・シチュエーションになったときには、防御側だったチームが新たに攻撃側チームになり、ゲームを再開する。

> ## 要チェックポイント
>
> ★ 得点が成功したあとは攻守が変わる。新たにボールをコントロールしたチームは、ボールをアークの外まで運んでから攻撃を開始する。
>
> ★ 得点が成功しなかった場合、攻撃側がリバウンドを取ればそのまま攻撃を続ける。防御側がボールを保持した場合は、ボールをアークの外まで運んでから攻撃を開始する。

ファウルとフリースロー

シュート動作中のファウルには
フリースローが与えられる

　シュート動作中にファウルが起きた場合は、フリースローが与えられる。シュートが不成功でアーク内側からのシュートは1本のフリースロー、アークの外側からのシュートには2本のフリースローが与えられる。シュートが成功した場合は得点が認められ、1本のフリースローが与えられる。また、チームファウルが7個目以降は相手チームにフリースローが2本与えられ、さらにチームファウルが10個目以降は相手チームにフリースロー2本とチェックボール（防御側が攻撃側にボールを渡す）が与えられる。

要チェックポイント

★ シュート動作中にファウルが起き、シュートが不成功でアークより内側と外側によってフリースローの数が変わる。

★ チームファウルが7個目以降は相手チームにフリースロー2本、10個目以降はフリースロー2本とチェックボールが与えられる。

★ アンスポーツマンライクファウルやディスクォリファイングファウル（退場）の場合は、個人ファウルが記録され、チームファウルも2個加算される。

第6章
06 ファウルの種類

ファウルは4つの種類のファウルがありそれぞれ処置が異なる

　3×3の試合には競技規則に定められた通常のパーソナルファウルの他に、体のふれ合いを伴わないでスポーツ精神に反する言動によるテクニカルファウル、アンスポーツマンライクファウルの他、ディスクォリファイングファウルがある。

　デスクォリファイングファウルをとられると、その選手は退場となり、そのゲームに参加できなくなる。ファウルの種類によって処置は異なる。

要チェックポイント

★ **テクニカルファウル：**相手にフリースロー1本が与えられ、ボールを保持していたチームのチェックボールで再開。

★ **アンスポーツマンライクファウル：**1回目は相手にフリースロー2本、2回目は退場。相手にフリースロー2本とチェックボールで再開。

★ **ディスクォリファイングファウル：**宣告されると退場。相手にフリースロー2本とチェックボールで再開される。

バイオレーション

12秒以内にシュートを打たないとバイオレーション

　3×3のゲームでは、主に以下のケースでバイオレーションとなる。アークの外側までいったんボールを運ばなければならない状況において、ボールをアークの外側に運ばずシュートをしてしまったとき。ショットクロックを12秒過ぎてもシュートを打たなかったときは、バイオレーションとなり、相手チームにボールが移り、チェックボールでゲームが再開される。また、オフェンスがアークの内側でバスケットに背中や体の側面を向けて5秒以上ドリブルした場合は5秒オーバータイムでバイオレーションとなる。

要チェックポイント

★ アークの外側へボールを運んで攻撃をしなかったときはバイオレーション。

★ ショットクロックが12秒経過してもシュートを打たなかったときはバイオレーション。

★ バイオレーションを犯すと、ボールは相手チームに移って攻撃が再開される。

第6章 08 審判

両チームの協力のもと フェアプレイ精神で運営する

　審判は、原則2人とする。大会主催者の考えにより、1人の審判で行ってもよい。テーブルオフィシャルズは、スコアラーおよびタイマー各1人とする。公式大会ではない場合で、大会主催者の考えによっては、両チームの協力による「相互審判制」をとり、テーブルオフィシャルズを配置しないでゲームを行ってもよい。既定数の審判とテーブルオフィシャルズがそろわない場合は、フェアプレイ精神にもとづいて、両チームの協力のもとにゲームを運営する。

要チェックポイント

★ 審判は原則2人。大会主催者の考えによって、1人の審判で行ってもよい。

★ テーブルオフィシャルズは、スコアラーおよびタイマーを各1人配置する。

★ 既定数の審判とテーブルオフィシャルズがそろわない場合は、両チームの協力のもとゲームを運営する。

基本知識

バイオレーション

ファウル

その他のファウル

審判の知識

3×3のルール

ミニバスのルール

スコアシートのつけ方

159

COLUMN 6
世界で広がりを見せる3×3

2012年以降、世界各地で3×3の大会が盛んに行われてきた。FIBAが掲げるバスケットボールの普及と、3×3のオリンピック正式種目採用を目指したプロモーションの結果だ。

FIBAは2011年にユース（14歳～18歳）を対象とした3×3の第1回世界選手権を開催し、この大会で日本女子は銅メダルを獲得する奮闘ぶりを見せた。

その前年の2010年の第1回ユースオリンピックでも3×3は正式種目として採用され、日本女子は5位入賞をおさめている。その後もアジアU18女子選手権大会での優勝や記憶に新しいところでは、2018年アジア競技大会で銀メダルを獲得しているが、男子も近年、アジアを中心に世界でも好成績をおさめるようになってきている。

俊敏かつ強靭な体力、1対1の個人技術のみならず、チームとしての緻密な戦術も好成績を残す重要な要素となってきている。

1対1の強さとチームの戦術も求められる

ミニバスケットボール
のルール

第7章 01 ミニバスケットボールの魅力

「友情・ほほえみ・フェアプレイ」 その精神をモットーにプレイ

仲間との助け合いがモットー

ミニバスケットボールは略称で"ミニバス"と呼ばれているが、U12とも呼ばれ12歳までの小学6年生までが行うバスケットボール競技のことをいう。小学校のほかにも各地でクラブチーム活動が盛んに行われている。最大の目的はバスケットボールの普及。日本ミニバスケットボール連盟では、「友情・ほほえみ・フェアプレイ」精神を謳い、バスケットボールを通じて心身を鍛え、仲間との助け合いの精神を学んでほしいという理念を掲げている。

体格や体力に合わせた環境

一般のバスケットボールとは異なり、小学生の体格や体力に合わせたリングの高さやボールの大きさ、コートの広さ、試合時間など、独自のルールが用いられている。

競技ルールは一般のバスケットボールとほぼ同じ。ルールブックに記載されていない事態が起こったときは、審判が「友情・ほほえみ・フェアプレイ精神」にもとづいて判断をする。

誰もが楽しめる簡潔なルール

バスケットボールは最近は毎年のようにルール改正が行われるが、小学生では体育の授業で誰もがバスケットボールをすることもあり、2007年以降は大きなルール改正を

小学校1年生から6年生までが参加できるミニバスケットボール。小学生の体格、体力に合わせた独自のルールが用いられている

行っていないが、より選手の成長を促す目的のための変更として、マンツーマンディフェンスの義務化など導入してきた。しかしながらミニバスケットボールのルールには、より多くの小学生たちがバスケットボールを楽しみ、試合に参加し、そして、多くのミニバスケットボールプレイヤーによって、バスケットボールという競技を普及していきたいという願いが大前提となっている。

要チェックポイント

★ 「友情・ほほえみ・フェアプレイの精神」を理念に掲げている。

★ リングの高さやボールの大きさ、試合時間は、小学生の体格や体力に合わせて設定されている

★ ミニバスケットボールの最大の目的は普及。心身を鍛え、仲間との助け合いの精神を学ぶことにある。

第7章 02 コートとボール

小学生の体格や体力に合わせた
コートやボールでプレイ

　小学生の体格や体力に合わせた規格が用いられる。コートは縦 28 〜 22m × 横 15 〜 12m 以内。一般と同じサイズ（28m × 15m）で試合をしても可能で、主催者の意向による。フリースローラインからゴールまでの距離も短くなっている。制限区域は一般ルールで起用されている長方形でまたは、旧ルールの台形である。バックボードも一般ルールより一回り小さく縦 80cm、横 1m20cm。リングの高さは 2m60cm になっている。ボールは中学生より一回り小さい 5 号球を使用。

要チェックポイント

★ 規定のコートのサイズは一般コートより一回り小さいが、一般コートでの試合も可能。

★ リングの高さは2m60cm、制限区域は一般ルールの長方形か旧ルールの台形を使用。

★ ボールは5号球を使用。

コートのサイズ

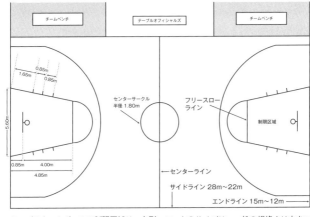

ミニバスケットボールの制限区域は、台形。コートのサイズは、一般の規格より小さい

ボールの仕様

全国ミニバスケットボール大会の公式試合球。オレンジ1色で8枚のパネルからできている。サイズは5号球。人工皮革を使用

第7章 03 ゲームの進行

皆で協力して試合に挑むために
メンバー交代は必ず行う

ゴールと点数

　フィールドゴールは2点、フリースローは1点としてカウントされ、一般ルールにあるスリーポイントのルールはない。ゴールのあとは、相手チームがエンドラインの外から5秒のうちにスローインをしてゲームを再開する。勝敗は、得点が多いほうのチームを勝ちとする。

競技時間

　ゲームは6分のクォーターを4回行う。クォーター間のインターバルは1分、ハーフタイムは5分。後半終了時、同点の場合は引き分けとする。公式戦などでオーバータイムを行うときは、各オーバータイムの前に2分のインターバルをおき、決着がつくまで3分間のオーバータイムを行う。オーバータイムの攻めるバスケットは、後半と同じ。

出場と交代

　第3クォーターまでに10人以上のプレイヤーが1クォーター以上、2クォーターを超えない時間の範囲でゲームに出場していなければならない（ただし8人以上、10人未満のチームも試合に参加できる）。選手交代はクォーター間のインターバルかハーフタイム、第4クォーターとオーバータイムでは、ボールがデッドでゲームクロックが止まっていればどちらのチームも選手交代ができる。

一般ルールとミニバスのルールの異なる部分

- ・ゲームの目的
- ・コートのサイズ
- ・制限区域内のかたち
- ・バックボードのサイズ
- ・バスケットの高さ
- ・ボールのサイズ
- ・競技時間
- ・マンツーマンディフェンスの義務化

- ・得点方法
- ・出場交代
- ・タイムアウトの数
- ・アウトオブバウンズ
- ・テクニカルファウルの原則
- ・チームファウル

タイムアウト

　両チームは、各クォーターに1回ずつ、45秒間のタイムアウトをとることができる。また、各延長時限では、両チームに1回ずつのタイムアウトをとることができる。タイムアウトは、ファウル、バイオレーション、ヘルドボールが起きた時、相手チームのシュートが入った時、最後のフリースローが入った時にできる。

要チェックポイント

★ 競技時間は6分間を4回。「ピリオド」ではなく「クォーター」という呼称を使用する。

★ 3クォーターまでに10人のプレーヤーが、1クォーター以上、2クォーターを超えない時間の範囲でゲームに出場しなければならない。（8人以上、10人未満のチームも試合に参加できる）

★ タイムアウトは各クォーターに1回（45秒間）ずつ、各延長時限では1回ずつ取ることができる。

バイオレーション

わざとボールをぶつけて外に出すと相手のスローインとなる

　バイオレーションとは、体の接触やスポーツマンらしくない行為以外の違反のことをいう。違反に対する罰則は一般ルールと同じだが、アウトオブバウンズについてはミニバス独自のルールがある。通常、ボールのアウトオブバウンズは、最後にボールに触れたプレイヤーに適用される。しかし、わざと相手にボールを投げつけてアウトオブバウンズにしたときには、相手チームのスローインとなる。また、コート内でボールをコントロールしたチームは、24秒以内にショットをしなければならない。

※注意：このルールは2021年4月以降、改正される可能性があります。

要チェックポイント

★ わざと相手にボールをぶつけてのアウトオブバウンズは、相手のスローインとなる。

★ 攻撃する側は、24秒以内にシュートを打たなければならない。

★ それ以外のバイオレーションについては、バックパス、8秒ルール以外は一般のルールと同じ。

シグナル

24秒ルール

ミニバスはかつて30秒ルールで行っていたが、24秒に変更になった。アウトオブバウンズが起きて再度、攻撃側のスローインになったときは、24秒は継続される。

ファウル

テクニカルファウルは宣告前に「警告」を行い、再発を防止する

　体の接触による違反は「パーソナルファウル」、スポーツマンシップに反するふるまいを行ったときは「テクニカルファウル」、過度に体の接触をした違反は「アンスポーツマンライクファウル」となり、罰則の適用は一般ルールと同じである。ただし、テクニカルファウルは「警告」という手段を用いて再発防止をすることが望ましい。警告を受けた後、再びスポーツマンらしくない行為をした場合はテクニカルファウルを宣告する。また試合中のコーチの暴力や暴言もテクニカルファウルの対象となる。

要チェックポイント

★ テクニカルファウルが起きた場合、1度目は「警告」を行い、再発を防止する。

★ 各クォーター、チームファウル5回目以降は、ファウルのたびに相手チームに2個のフリースローが与えられる。

★ それ以外のファウルの罰則については、一般のルールと同じ。

シグナル

テクニカルファウル

プレイヤーがスポーツマンにふさわしくない態度をとった場合、1度目は警告を与える。再び同じような態度をとったときにテクニカルファウルを宣告する。

COLUMN 7
育成と普及を掲げるミニバスの未来

　ミニバスケットボールは「友情・ほほえみ・フェアプレイ」をモットーに行われる小学生のバスケットボール競技だ。ミニバスの最大の目的は普及であり、テクニカルファウルやアウトオブバウンズに対しては、フェアプレイに基づいたルールが採用されるなど、バスケットボールを通じて、心身の育成がテーマとなっている。一般ルールが改正されても、ミニバス独自のルールが採用されているのは、競技性にこだわる勝利至上主義よりも普及を掲げているからだ。

　その一方で、指導者たちからは「競技性があってこそ技術は進歩し、ゲームは面白くなる」という意見も多く、マンツーマンディフェンスの義務化、24秒ルールの導入など新しい試みも行われている。今後も普及・フェアプレイと競技性、子どもたちへの正しい指導のあり方（暴力・暴言を排除しクリーンなバスケットボールを目指す）等、あらゆる面でバランスを図ることが課題となってくる。

発展のためには競技性のバランスを図ることが大事という声もあがっている

第8章 スコアシートのつけ方

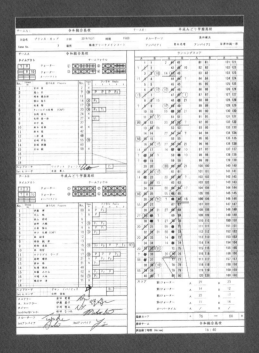

テーブルオフィシャルズ

スコアシートを記入しながら審判を補佐しゲームを進行する

「テーブルオフィシャルズ」は、ゲームを管理する主審、副審を補佐しながら、得点、時間、ファウルを記録し、ゲームを進行するスタッフのこと。スコアラー、アシスタントスコアラー、タイマーおよびショットクロックオペレイターは、各1人とする。スコアラーは主審、副審の合図を確認し、試合の進行とスコアシートと照合しながら記入していく。また、テーブルオフィシャルズには、主審と副審がゲームを円滑に進行できるように補佐する「コミッショナー」を置くことができる。

要チェックポイント

★ テーブルオフィシャルズは、主審、副審を補佐しながらゲームを進行する。

★ スコアラーは、主審、副審の合図を確認し、スコアシートと照合しながら記入していく。

★ 主審、副審を補佐するコミュッショナーをおく場合は、スコアラーとタイマーの間に座る。

コート中央にある細長いテーブルが「テーブルオフィシャルズ」の席。スコアラー、アシスタントスコアラー、タイマー、ショットクロックオペレイター、コミッショナーが、主審、副審とともに試合を管理している

シグナル

コミュニケーションが大切

主審とテーブルオフィシャルズは、常に確認を行いながら試合を進行していく。正確なスコアリングがスムーズな運営につながる。

第8章 02 スコアシートの見方

プレイヤーと背番号、スコアやファウルの数を記録する

テーブルオフィシャルズで記録される「スコアシート」は、主に３つのパートに分かれている。１つ目は、ゲームの日時、場所、大会名、対戦チームなどのゲーム概要。２つ目は、対戦するチームのプレイヤーの氏名や背番号、ファウルの数や種類を記載する欄。３つ目は、得点とその方法、得点を決めたプレイヤーを記載していくランニングスコアである。スコアラーは、黒色または青色と赤色のペンを使用。第１クォーターと第３クォーターは赤色で、第２クォーターと第４クォーターは黒色または青色で記入する。

要チェックポイント

★ スコアラーは、黒色または青色と赤色のペンを使用し、各クォーターで使い分ける。

★ 対戦するチームのプレイヤーの氏名や背番号、ファウルの数や種類を記入する。

★ 得点とその方法、得点を決めたプレイヤーを記入し、ランニングスコアをつける。

対戦チームのプレイヤーと背番号

試合に登録したプレイヤーの名前、背番号、キャプテンを記入。ゲーム開始前にヘッドコーチにサインをもらう

ゲームの概要

大会名、開催場所、ゲームナンバー、日時を記入する

ランニングスコア

得点の数、得点を決めたプレイヤーの背番号、種類を記入

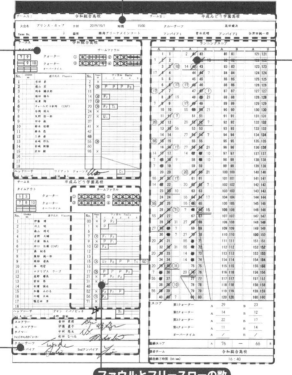

ファウルとフリースローの数

各プレイヤーのファウルの数とその種類、フリースローの数を記入

スコアラーや主審のサイン

ゲーム終了後は内容を確認し、スコアラーや主審がサイン。それでゲームの関わりが終了する

2色のペンを使う

黒か青と赤のペンを使用し、各クォーターで使い分ける

177

ゲームの準備・開始

ゲーム開始前は余裕をもって必要事項を記入し確認する

　ゲーム開始予定時刻の遅くとも10分前までに、スコアシートに両チームのチーム名、大会名、日時、場所、両チームのメンバーを記入しておく。ゲーム開始5分前までには、記入した内容をヘッドコーチに確認させ、サインをもらう。スコアラーはゲーム開始時に、ゲームに最初に出場する両チームの5人のプレイヤーを確認したのち、「Pl-in」欄の「×」を「○」で囲む。キャプテンがゲームの最初に出場しない場合は、コート上でキャプテンの役目をするプレイヤーの番号を確認する。

要チェックポイント

★ ゲーム開始10分前までに、スコアシートに両チームの必要事項を記入しておくこと。

★ ゲーム開始5分前までに記入した内容をヘッドコーチに確認させ、サインをもらう。

★ ゲーム開始時に最初に出場する両チームの5人のプレイヤーを確認し、Pl-in欄の×印を○で囲む。

ゲーム開始前に記入しておく欄

試合開始10分前に準備

大会名、ゲーム・ナンバー、日付、場所、開始時刻を黒色または青色のペンで記入する

チームメンバーと背番号を記入する欄

PI-in欄
ヘッドコーチから提示されたスターティングメンバーに「×」をつける

ホームがAチーム
チームAをホームチームとする。ホームチームのないときは、プログラムで先に記載されているチームをチームA、相手チームをチームBとする

キャプテンには「CAP」を
両チームから提出されたリストに従い、両チームのメンバーの氏名・番号を記入。キャプテンの氏名の後ろに(CAP)と記入

チームスタッフ名を記入
各チームの下段のヘッドコーチの欄とファーストアシスタントコーチの欄に、それぞれの氏名を記入

スターティングメンバーを明記
スターティングメンバーを確認しながら、PI-in欄の「×」を「○」で囲むときは赤色で記入。交代要員がゲームに出場したときは、それぞれのクォーターで使用している色で「×」を記入する

ランニングスコア

得点の合計と種類を記入 得点板と照合しながらチェック

　スコアラーは、スコアシートの「ランニングスコア」と得点板を常に照合して確認する。ランニングスコアは、チームA、チームB合わせて4列からできており、中央の2列は得点の合計を示す。得点の隣には得点したプレイヤーの背番号を記入する。フィールドゴールには「／」、フリースローが成功したときは得点を「●」で塗りつぶす。スリーポイントが認められたときは、得点したプレイヤーの背番号を「○」で囲む。各クォーターの最後の得点を「○」で囲み、得点と背番号の下に「太い横線」をひく。

要チェックポイント

★ スコアラーは、ランニングスコアと得点板を常に照合して確認する。

★ 得点の合計を記入し、得点の隣には得点したプレイヤーの番号を記入する。

★ 得点の種類によって、記号を記入。各クォーターの最終得点を「○」で囲み、明確に示す

得点の合計と種類

フィールドゴールは「／」、フリースローは「●」、スリーポイントは背番号を「○」で囲む。得点の隣には得点したプレイヤーの背番号を記入する

クォーターの最終得点を明確に

各クォーター最後の得点を「○」で囲む。得点と背番号の下にクォーターの境目を示す「太い横線」をひく

自陣にゴールした場合

プレイヤーが自陣のゴールに得点した場合は、相手チームのキャプテンが得点したものとする

ゴールテンディングやインターフェアの記録

防御側のチームがゴールテンディングやインターフェアの反則をし、ボールがバスケットに入らなくても得点が認められたときは、シュートを打ったプレイヤーの得点として記録する

得点に相違がある場合

得点板との点数に相違がありスコアシートが正しいときは、すみやかに得点板を訂正させる。不明な箇所や両チームから意義の申し出があったときは、ボールデッドのときに審判に知らせる

ゲーム終了後

終了後は、得点と背番号の下に黒色または青色のペンで２本線をひく

ランニングスコア

A		B			A		B			A
	1	1			2	41	41			81
7	2	2				42	42	10		82
	3	3	(10)		14	43	43			83
17	4	4				44	44	7		84
	5	5				45	45			85
	6	6	(17)		(17)	46	46			86
(17)	7	7				47	47	(1)		87
	8	8	15			48	48	21		88
7	9	9			(17)	49	49			89
	10	10			55	50	50	21		90
	11	11	7			51	51			91
(20)	12	12			20	52	52	7		92
	13	13	56			53	53			93
	14	14			27	54	54	7		94
(55)	15	15				55	55			95
	16	16	(17)		27	56	56	21		96
14	17	17			14	57	57	10		97
7	18	18	9			58	58	10		98
7	19	19				59	59			99
	20	20			(20)	60	60	21		100
55	21	21	(17)			61	61			101
14	22	22			20	62	62	7		102
	23	23	10			63	63			103
	24	24			55	64	64	17		104
(55)	25	25			55	65	65			105
	26	26	(71)		7	66	66	15		106
55	27	27				67	67			107
	28	28	31		27	68	68			108
27	29	29				69	69			109
	30	30			27	70	70			110
20	31	31			55	71	71			111
	32	32	31		55	72	72			112
20	33	33			14	73	73			113
	34	34			14	74	74			114
20	35	35	(31)			75	75			115
7	36	36			20	76	76			116
55	37	37				77	77			117
	38	38	(10)			78	78			118
55	39	39				79	79			119
	40	40	7			80	80			120

基本知識

バイオレーション

ファウル

その他のファウル

審判の知識

3×3のルール

ミニバスのルール

スコアシートのつけ方

181

ファウル

クォーターごとにファウルを記入しチームファウル数をチェック

　ファウルは、プレイヤーごとにその数と種類を左から順に記入する。パーソナルファウルは「P」、テクニカルファウルは「T」、アンスポーツマンライクファウルは「U」、ディスクォリファイングファウルは「D」と記入する。ファウルの記号は、各クォーター終了ごとに、使用する色のペンで記入。チームファウルは、各クォーターの4個の枠に「×」で記入。インターバル中に起きたファウルは、次のクォーターの欄に「×」を記入。使用しなかったファウルの欄はゲーム終了後、黒色か青色で横線（二本線）をひく。

要チェックポイント

★ ファウルは、プレイヤーごとにその数と種類を左から順に記入する。

★ ファウルの記号は、各クォーターごとに使用する色のペンで記入する。

★ チームファウルは、各クォーターの4個の枠に「×」で記入する。

ファウル欄の記入

いつ起きたかを示す

各クォーター毎に使用した色のペンで記入し、どのクォーターでファウルが起きたか明確にする

チームファウル

各ピリオドの4個の枠に「×」で記入。コーチのテクニカルファウル、ディスクォリファイングはチームファウルに数えない

ゲーム終了後

使用しなかったファウルの欄はゲーム終了後、黒色または青色の横線をひく

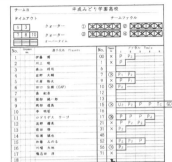

ヘッドコーチ、ファーストアシスタントコーチのファウル

上段がコーチ、下段がアシスタントコーチの欄。主にテクニカルファウルがあった場合、記載される

ファウルの記号

- 「**P**」=パーソナルファウル
- 「**D**」=ディスクォリファイングファウル
- 「**U**」=アンスポーツマンライクファウル
- 「**T**」=テクニカルファウル
- 「**C**」=ヘッドコーチ自身のスポーツマンらしくないふるまいによるテクニカルファウル
- 「**B**」=「C」の場合以外でヘッドコーチの欄に記録されるテクニカルファウル
- 「**F**」=ファイティングで失格・退場
- 「**数字**」=フリースローが与えられるファウルは、記号の後ろにそれぞれフリースローの数をつける

失格・退場の主なケース

■プレイヤーの失格・退場

・2回目のテクニカルファウルやアンスポーツマンライクファウル、またはそれぞれ1回ずつ計2回記録された場合は、そのプレイヤーは失格・退場となる。右欄に「**GD**」と記入する。
・特別な処置で相殺されたファウルは、小さい「**C**」をつける

■ヘッドコーチ・ファーストアシスタントコーチの「ファイティング」による失格・退場

・ヘッドコーチのみの場合は「D_2」をつけて、残りの枠すべてに「**F**」を記入
・ファーストアシスタントコーチのみの場合は、「**D**」をつけて残りの枠すべてに「**F**」を記入するとともにヘッドコーチに「B_2」を記入する
・両方の場合は、ヘッドコーチに「D_2」、ファーストアシスタントコーチに「**D**」を記入し、両者の残りの枠すべてに「**F**」を記入

タイムアウトと ゲーム終了

タイムアウトは経過時間を記入 サインをした時点でゲームとの関わりが終了

　タイムアウトは、そのチームの「タイムアウトの枠」に、タイムアウトが認められたときの各クォーターの経過時間（分）を数字で記入する。ゲームが終わったときは、両チームの最終合計得点をはっきりと「○」で囲み、最終得点と背番号の下に2本の横線をひく。使用しなかったランニングスコアには、左上から右下に向かって斜線をひく。すべての記入が終わったら、スコアラー、主審、副審は内容を確認してサインをする。サインした時点で、審判とゲームの関係が終わる。

要チェックポイント

★ タイムアウトが認められたときの各クォーターの経過時間（分）を数字で記入する。

★ 各クォーター終了後、合計得点を「○」で囲み、試合終了のときの最終得点と背番号の下に2本の横線をひく。

★ 最後に両チームの各クォーターの得点を、右下のスコア欄に記入する。

タイムアウトの記入例

タイムアウトの枠
前半は、はじめの2枠、後半は次の3枠、各延長時限は残りの枠を使用する。使用しなかった枠には2本の横線をひく。これらの2本の横線は、すべて黒色か青色で記入する

経過時間を記入
各クォーターの経過時間(分)を数字で記入。例えば、「残り3分12秒」のときには「7」、「残り1分30秒」のときには「9」と記入する

最終合計得点

	61	61	
20	62	62	7
	63	63	
55	64	64	17
55	○	65	
7	●	66	15
	67	67	

両チームの得点を「○」で囲む。最終得点と背番号の下に2本の横線をひく

得点合計の記入例

スコア				
第1クォーター	A	29	B	23
第2クォーター	A	14	B	12
第3クォーター	A	22	B	17
第4クォーター	A	11	B	14
オーバータイム	A	/	B	/
最終スコア	A	76	—	66	B
勝者チーム		令和総合高校		
試合終了時間 (hh:mm)		16 : 40		

ゲーム終了後
両チームの各クォーターの得点をスコア欄に記入し、勝利したチーム名を書く。延長時限は何回行われても、その得点合計を一行で記入する

必ずサインする

サインが承認の証
最後に主審がスコアシートを点検・承認サインをしたら、審判、テーブルオフィシャルズとゲームの関係が終了する

COLUMN 8

審判やコミッショナーを目指す方たちへ

ゲームの統括役「コミッショナー」の役割

　2012年のロンドンオリンピックで、橋本信雄コミッショナーが「ジュリー」として派遣された。審判では、アテネオリンピックとロンドンオリンピックで須黒祥子、北京オリンピックで平原勇次審判員をはじめ、定期的に指名されている日本だが、コミッショナーでは初のこと。コミッショナーおよび、ジュリーとはどのような職をさすのだろうか。

　コミッショナーは、選手の資格審査や会場点検のほか、試合中はテーブルオフィシャルズを管理し、審判が試合を円滑に進行できるようにする統括役だ。また、試合後にプロテスト（抗議）が申請された時の対応もコミッショナーの大切な仕事である。オリンピックでは、審判員以外の役職の総称を「ジュリー」という。ジュリーの内訳は統括役の「コミッショナー」、審判員を評価する「スーパーバイザー」、プロテストの際の審議を行う「上訴委員会」で構成される。

　オリンピックでの審判の評価はスーパーバイザーによってチェックされ、技量が認められるほど上位戦を割り当てられる。また、コミッショナーの割り当てを決めるのは「テクニカル・ディレクター」と呼ばれる最高職であり、審判同様、ゲーム運営の評価によって多くの試合を担当することになる。

　2020年現在、国際コミッショナーの資格を有しているのは日本で6人。その中で、国際審判員を経て国際コミッショナーに就いたのは橋本コミッショナーを含めて2人。世界レベルを知る広い知識を持ったコミッショナーを生み出すことは、今後の日本の課題となっている。

国際化が進むバスケットボール界

　国際コミッショナーは35歳から55歳まで受検可能。定年は満71歳の誕生日前日までとなっている。国際審判の資格を有する者

は国際コミッショナーと両方の資格を保有することはできず、国際審判を引退してからコミッショナー職に就く。

日本における第一人者である橋本コミッショナーは、審判を目指す人たちにこのようなアドバイスを送る。

「審判に挑戦するのに年齢は関係ありませんが、国際審判や国際コミッショナーを目指すのであれば、受験資格に年齢制限があるため、早くから準備するほうがいいでしょう。また、国際コミッショナーを目指すのであれば、国内外での十分な審判経験は欠かせません。現在は急速に国際化が進んでいるため、今後はさらに英語を含めたコミュニケーション能力も必要とされます。できるだけ若いうちにスタートして、国内外でのキャリアを積んでほしい」

審判を目指す人は、まずは各都道府県協会に問い合わせをしてみよう。日本バスケットボール協会審判委員会では、定期的に研修会を開催し、門戸を開いている。そしてコミッショナーを目指す人たちは、まずは審判経験を十分に積んでからチャレンジしたい。

2012年ロンドンオリンピックにジュリーとして派遣された橋本コミュッショナー（左）と、審判員として派遣された須黒審判員（右）

おわりに

コーチ、プレイヤー、観客、審判同士が集中してゲームに臨める環境を作り出す

　2012年の夏、日本からはじめてコミッショナーとしてオリンピックの舞台に派遣され、須黒祥子審判員とともに、ロンドンの地で世界最高峰のゲーム運営に関われる機会に恵まれました。日本の審判とコミッショナーが揃ってオリンピックの舞台を経験でき、日本バスケットボール界の発展へつながる財産を築くことができたと感じています。

　バスケットボールのルールは技術の進化に伴って変わりゆくものです。審判はルールブックの文字だけを理解すればいいものではなく、バスケットボールの特性を読み取り、そのゲームが持つ雰囲気や、プレイヤーやコーチの気持ちを感じながらゲームを進行し、プレイヤーの最大限の能力を引き出すことが大切です。審判にはコーチ、プレイヤー、観客、そして審判も含む会場にいるすべての人がゲームに集中できる環境を作り出す使命があります。それぞれ4者間の立場をお互いが尊重し合い、同じ感覚で判断ができたときには、いいゲームが作り出せます。

　審判のスキルを高めるために私が長年感じていることは、ゲームの場数を踏むこともさることながら、人生経験の積み重ねや人間性が大切であるということです。プレイヤーも含めこれから審判を目指す方に伝えたいのは、どうか日常生活や職場、学校等で幅広い社会性や協調性を身につけてほしいということです。それが実際のゲームが行わ

れるコートにおいて、4者間を調和するコミュニケーション能力へとつながっていくのです。

　これからの私の使命は世界の舞台で経験をしたことを日本に伝え、世界に通用する審判やコミッショナーを育成すること。今後も現場に出て様々なカテゴリーのゲームを観戦し、バスケットボールの今を感じ取り、たくさんの人々と触れ合っていきたいと思っています。本書を通じて、または会場でお会いし、バスケットボールの未来を築く皆さんの力になることができたら、こんなにうれしいことはありません。

橋本信雄

監修者・モデル紹介

監修者

橋本信雄
Nobuo Hashimoto

1954年9月21日生まれ、東京都出身。1997年に国際審判員の資格を取得。日本バスケットボール協会審判規則部長を経て、現在は名誉国際審判員、国際コミッショナーの職に就く。ワールドカップやオリンピックでコミッショナーとして派遣され、日本と世界を結ぶ橋渡し役として活動している。

飯塚剛 (P161〜172)
Tsuyoshi Iizuka

1963年8月18日生まれ、東京都出身。大学卒業後、小学校の教員となり1987年、東京都狛江市で「BEANS」を創部。25年間、ミニバスの指導と普及に尽力してきた。現在、日本ミニバスケットボール連盟審判規則副委員長を務め、日本協会公認審判員、公認C-2級コーチ資格を持っている。

モデル

須黒祥子
Shoko Suguro

1971年7月28日生まれ、東京都出身。2001年に日本協会AA級公認審判員、2003年に国際審判員の資格を取得。2004年のアテネ、2012年のロンドン大会にて、二度のオリンピックの舞台で審判員を務める。都立駒場高校の体育教諭として勤務する傍ら、国内・国際大会の第一線で活動する審判員。

東京都立駒場高校 Komaba HighSchool

男子バスケットボール部

女子バスケットボール部

【参考サイト】

日本バスケットボール協会
www.japanbasketball.jp/

国際バスケットボール連盟
www.fiba.com/

3×3 WORLDTOUR公式サイト
https://worldtour.fiba3x3.com/2019

日本ミニバスケットボール連盟
u12.japanbasketball.jp/

\<STAFF\>

編集	吉田亜衣、阿部夏紀
執筆	小永吉陽子
写真	横山健太、山田高央
本文図版	玉田直子
本文イラスト	丸口洋平
本文デザイン	上筋英彌・上筋佳代子（アップライン）
カバーデザイン	坂井栄一（坂井図案室）

パーフェクトレッスンブック
すぐに試合で役に立つ!
バスケットボールのルール
審判の基本 ［改訂新版］

監修者	橋本信雄
発行者	岩野裕一
発行所	株式会社実業之日本社
	〒107-0062　東京都港区南青山5-4-30
	emergence aoyama
	complex 2F
	電話　03-6809-0452（編集）　03-6809-0495（販売）
	実業之日本社ホームページ　https://www.j-n.co.jp/
印刷・製本	大日本印刷株式会社

©Nobuo HASHIMOTO 2019 Printed in Japan
ISBN978-4-408-33883-5（書籍管理）

落丁・乱丁の場合はお取り替えいたします。実業之日本社のプライバシーポリシー（個人情報の取り扱い）については上記ホームページをご覧ください。
本書の一部あるいは全部を無断で複写・複製（コピー、スキャン、デジタル化等）・転載することは、法律で認められた場合を除き、禁じられています。また、購入者以外の第三者による本書のいかなる電子複製も一切認められておりません。

2204（03）